MENTOR LERN-HILFE

Band 590

Latein

1.–2. Lernjahr

Lateinstart mit Spaß!

Übersetzungen und Übungen für Anfänger

Mit ausführlichem Lösungsteil zum Heraustrennen

Mit Lerntipps!

Heide Huber

Mentor Verlag München

In Zusammenarbeit mit Langenscheidt

Über die Autorin:
Heide Huber, Lehrerin für Latein und Deutsch am Gymnasium; Museumspädagogin im Römisch-Germanischen Museum Köln; Jugendbuchautorin

Lerntipps:
Heide Huber

Redaktion: Dorothea Leiser, Elisabeth Güll

Layout: Barbara Slowik, München

Titelgestaltung: Iris Steiner, München

Illustrationen: Claudia Hürten, Kassel-Niederrheidt, und Margarethe Rief, Obersöchering

Benutzerhinweise

Hier gibt Mama Lupa mit den Babys Romulus und Remus eine kurze Zusammenfassung, sagt einen klugen Spruch oder gibt eine Eselsbrücke.

Romulus und Remus, schon älter geworden, zeigen dir hier eine Regel.

Romulus und Remus haben hier einen Tipp parat (s. Anhang).

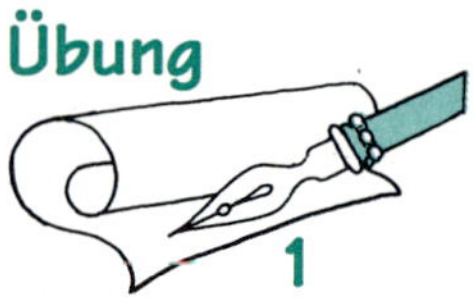

Diese Übung sollst du in ein Heft, auf Vokabelkärtchen oder auf einen Block machen!

Diese Übung sollst du direkt ins Buch machen!

Umwelthinweis: Gedruckt auf chlorfrei gebleichtem Papier.

Auflage:	5.	4.	3.	2.	1.	letzte Zahlen
Jahr:	2001	2000	1999	98	97	maßgeblich

Druck: Druckhaus Langenscheidt, Berlin
Printed in Germany. ISBN 3-580-63590-5

Inhalt

Vorwort 5

A. Übungen zum Erkennen von Satzteilen

1. **Was bin ich?** – So frag ich. (Prädikat, Prädikatsnomen) 7
2. **Wer? Wen? Wem?** Mit Fragen geht's bequem! (Subjekt, Objekt) 12
3. **Wann? Wo? Wie?** Wer fragt, der irrt sich nie! (Adverbiale Bestimmungen, Attribute) 16

B. Übungen zur Deklination

1. **Nominativ und Akkusativ** 20

   Germanicus scholam visitat. – Germanicus besucht eine Schule (Subjekt, Akkusativobjekt; a-, o-Deklination m und n) 20

   Vera non solum sorores invitat. – Vera lädt nicht nur Schwestern ein. (Subjekt, Akkusativobjekt; konsonantische Deklination auf -or, -er) 23

   Iudex iustus testem interrogat. – Der gerechte Richter befragt einen Zeugen. (Subjekt, Akkusativobjekt; konsonantisch/gemischte Deklination auf -x, -is/-es) 25

   Fur caput calvum non habet. – Der Dieb hat keinen Kahlkopf (Adjektivattribut; Prädikatsnomen; Substantive der konsonantisch/gemischten und Adjektive der a-/o-Deklination) 28

2. **Genitiv** 32

   Filia filii proavi mecum venit. – Die Tochter des Sohnes des Urgroßvaters kommt mit mir. (Genitivattribut) 32

   Liberi Livii in bibliotheca sunt. – Die Kinder des Livius sind in der Bibliothek. (Genitivattribut; o-Deklination: m auf -er) 36

3. **Dativ** 39

   Genio et Fortunae aram vovere. – Dem Genius und der Fortuna einen Altar weihen. (Dativ der beteiligten Person) 39

   Cui villa est? – Wem gehört die Villa? (Dativ des Besitzers bei esse) 43

4. **Akkusativ und Ablativ** 44

   Quo vadis? Coloniam vado. – Wohin gehst du? Ich gehe nach Köln (Akkusativ und Ablativ in Ortsbestimmungen) 44

   Prae-positiones – Die vor-gestellten (Wörter) (Präpositionen; Ablativ mit und ohne Präposition) 49

   In pistrino Eurysacis muli machinas torquent. – In der Bäckerei des Eurysaces drehen Maultiere die Maschinen. (Ablativ und Akkusativ nach Präpositionen) 52

   De re publica, senatu populoque Romano. – Von Staat Senat und römischem Volk (e- und u-Deklination: alle Kasus) 59

5. **Attribute** 63
Mens divina universum immensum agitat. – Ein göttlicher Geist bewegt das unendliche All. (KNG-Kongruenz; Adjektive der a-/o-Deklination; Substantive aller Deklinationen) 63
Pila sua aut eius – Ihr eigener oder dessen Ball (Possessivpronomina) 70

C. Übungen zur Konjugation

1. **Präsens** 76
Adiuva, domine! Piratae appropinquant! – Hilf, Herr! Die Piraten kommen! (a- und e-Konjugation: 3. Pers. Präs. Aktiv, Imperativ) 76
Computa digitis! Potius abacum capio. – Rechne mit den Fingern! Ich nehme lieber den ‚Taschenrechner'. (1.–3. Pers. Präs. Aktiv aller Konjugationen, Imperativ) 80
In theatro spectaculum datur. – Im Theater wird ein Schauspiel gegeben. (3. Pers. Präs. Passiv) 84
Nonne saepe de vita interrogaris? – Wirst du oft nach deinem Leben gefragt? (1.–3. Pers. Präs. Aktiv und Passiv aller Konjugationen) 89

2. **Futur** 92
Cenabis optime! – Du wirst sehr gut speisen! (Futur der a- und e-Konjugation) 92
Coquemus cibum more Romano. – Wir werden die Speise römisch kochen. (Futur aller Konjugationen) 95

3. **Imperfekt** 100
Consules quotannis creabant. – Sie wählten die Konsuln jährlich. (Imperfekt Aktiv und Passiv) 100

4. **Perfekt** 105
Heri optime cenavi. – Gestern habe ich sehr gut gegessen. (Perfekt Aktiv: v- und u-Perfekt) 105
Hominem novum consulem dixerunt. – Sie ernannten einen homo novus zum Konsul. (Aktionsarten; Perfekt Aktiv und Passiv; s-, Dehnungsperfekt) 109

5. **Plusquamperfekt** 118
Cenam more Romano praeparaverant. – Sie hatten ein Essen auf römische Art vorbereitet. (Plusquamperf. Aktiv und Passiv) 118

D. 1.–5. Tipps und Tricks zum Lateinlernen 123

Anhang

„Wissenswertes und Vergnügliches" 139
Bild- und Literaturnachweis 143
Grammatische Begriffe mit Abkürzungen 144
Vokabelverzeichnis 151
Stichwortverzeichnis 159
Lösungsteil 161

Hallo, liebe Lateinerin, lieber Lateiner,

Vorwort

mir scheint, du hast eine super Idee gehabt: Du hast beschlossen, dich einmal ganz selbstständig mit dem Lateinischen zu beschäftigen. Sehen wir uns also gleich dieses Buch genauer an, damit du weißt, wie du am besten damit arbeitest.

„Lateinstart mit Spaß" ist **kein Lehrbuch**, sondern ein **Übungsbuch**. Es bietet dir zusätzliches Übungsmaterial: Interessante, lustige Texte über das Leben der Römer, abwechslungsreiche Übungen, Rätsel, Bilder, leicht lernbare Zusammenfassungen und nicht zuletzt die witzig-schlauen Sprüche von Mama Lupa. All das wird dir zu größerer Sicherheit in den Formen verhelfen und deine **Übersetzungstechnik** verbessern.

Damit „Lateinstart mit Spaß" zu mehreren Lehrbüchern passt, werden möglichst verschiedene Themen angeboten. Für dich heißt das: Du brauchst **nicht das ganze Buch** durchzuarbeiten; im Gegenteil, du suchst dir **nur das** heraus, **was für dich wichtig ist**. (Das hängt vor allem davon ab, welches Lateinbuch ihr in der Schule benutzt.) Damit du nun selber herausfinden kannst, welche Kapitel für dich wichtig sind, habe ich dir ein paar „Wegweiser" eingebaut:

- Wichtigster Wegweiser ist das **Inhaltsverzeichnis S. 3**: Meist wirst du dort schon finden, was du brauchst.
- Weitere Themen und Grammatikbegriffe kannst du im **Stichwortverzeichnis S. 159** nachschlagen, dort steht genau, wo das Problem behandelt wird.
- Fachausdrücke sind auf **S. 144ff.** im Kapitel **Grammatische Begriffe** genau erklärt. Dort findest du auch die jeweiligen Abkürzungen dafür.

Inhaltsverzeichnis und **Überschriften** im Buch nennen dir immer ein **lateinisch-deutsches Beispiel** für den jeweiligen Grammatikstoff. Wenn ihr das Thema in der Schule schon besprochen habt – nur dann!! –, solltest du das Kapitel durcharbeiten.

„Lateinstart" besteht aus **Einzelkapiteln**, die so aufgebaut sind, dass der **jeweils erste Teil** eines Kapitels immer nur **die a- und e-Konjugation** und **die a- und o-Deklination** voraussetzt. Im **zweiten Teil** sind dann auch **die anderen Konjugationen und Deklinationen** einbezogen. Ganz wichtig ist deshalb das Zeichen **Voraussetzung**. Es sagt dir genau, was du schon durchgenommen haben musst, damit du die folgenden Aufgaben bearbeiten kannst. Ein Beispiel auf S. 23:

Nominativ und Akkusativ der konsonantischen Deklination auf -or und -er

Voraussetzung

Wenn du in der Schule noch nie etwas von Substantiven mit der Nominativendung -or/-er und von der konsonantischen Deklination gehört hast, kannst du diese Übung auslassen.

Die **lateinischen Texte** solltest du insgesamt **schriftlich** übersetzen und dann mit dem **Lösungsteil (S. 161)** vergleichen.
Wenn das zu viel für dich wird, übersetzst du den ersten Teil eines Textes mündlich laut auf Kassette und vergleichst deine Übersetzung mit dem **Lösungsteil**.
Den zweiten Teil übersetzt du immer schriftlich, weil er meist etwas schwieriger ist. Mit den **anderen Übungen** werden dann deine Kenntnisse gefestigt.
Bei den Zeichenerklärungen (= **Benutzerhinweise S. 2**) siehst du schon, dass es verschiedenartige Übungen gibt: Einige **Übungen** kannst du gleich **ins Buch** schreiben, am besten mit Bleistift. (Bei der Kontrolle radierst du Falsches gleich wieder aus, damit sich keine Fehler einprägen. Dann liest du dir die richtige Lösung ein paar Mal laut und „beschwörend" vor. Am nächsten Tag füllst du die radierten Lücken aus. Du wirst sehen: Jetzt ist alles richtig.)
Andere **Übungen** erfordern etwas mehr Platz, sodass du sie **in ein Heft** schreiben musst.

In diesem Buch gibt es wahrscheinlich **Vokabeln**, die du aus deinem Lehrbuch nicht kennst. Du kannst sie im **Vokabelverzeichnis S. 151**, nachschlagen. **Lernen** sollst du aber **nur die Vokabeln**, die **im Unterricht** vorgekommen sind!
Besonders wichtig für dich sind die **knappen Regeln**. So richtig zum Pauken und Behalten!! Präge sie dir durch lautes Lesen ein.
Die **Tabellen** sind so angelegt, dass sie immer **nur das jeweilige Thema** umfassen. Sie sind so knapp, damit du sie leicht erfassen und lernen (!!) kannst.
Vollständige Formentabellen findest du in deinem Lehrbuch oder in der übersichtlichen **Langenscheidt Kurzgrammatik**. (Manchmal nenne ich dir auch die genaue Stelle in dieser Kurzgrammatik.)

Jetzt fragst du dich vielleicht: „Wo soll ich bloß **anfangen**??" Ich schlage vor, fang ganz hinten an: Mithilfe unserer **„Tabelle zur Fehleranalyse" S. 136/137** kannst du herausfinden, wo deine Schwächen liegen (im Vokabellernen, bei den Deklinationsformen??) und **was du dagegen tun** kannst. Auf **S. 138** gebe ich dir genauere Tipps, was für dich besonders wichtig ist.

Und nun viel Vergnügen und viel Erfolg mit „Lateinstart mit Spaß"!

Heide Huber und Mentor Verlag

P. S. Übrigens, die Rechtschreibung dieses Buches entspricht den Regelungen der Reform.

Übungen zum Erkennen von Satzteilen

A

1. Prädikat – Prädikatsnomen

Was bin ich? – So frag ich.

– „Kannst du Deutsch?"
– „Klar!" wirst du sagen, „da mache ich automatisch alles richtig beim Sprechen und Schreiben! Da muss ich nicht lang überlegen wie im Lateinischen!"
– „Prima! Dann sag einmal schnell, welcher Kasus (Fall) ‚der Wagen' und welcher Kasus ‚den Wagen' ist!"
– „Natürlich Nominativ und Akkusativ, 1. und 4. Fall."
– Deine Antwort ist richtig, ... wenn du folgende Sätze meinst:

1. *„Der Wagen ist teuer."*
Wer oder was ist teuer? ... der Wagen: Nominativ Singular (1. Fall Einzahl)

2. *„Er zeigt den Wagen."*
Wen oder was zeigt er? ... den Wagen: Akkusativ Singular (4. Fall Einzahl)

Für zwei andere Sätze wäre deine Antwort aber nicht richtig:

3. *„Die Spuren der Wagen sind heute noch auf den Römerstraßen zu erkennen."*
Wessen Spuren sind zu erkennen? ... der Wagen: Genitiv Plural (2. Fall Mehrzahl)

4. *„Er nähert sich den Wagen."*
Wem nähert er sich? ... den Wagen: Dativ Plural (3. Fall Mehrzahl)

Du siehst, dass man den Kasus auch im Deutschen **nur im Satzzusammenhang** erkennen kann und dass das am sichersten gelingt, wenn man danach fragt. **Ausgangspunkt der Fragen** ist immer das **Prädikat** (Satzaussage). Daraus ergeben sich manche Fragen „automatisch".
Schauen wir uns das Prädikat etwas genauer an!
Ein einfaches, einteiliges **Prädikat** wirst du meist leicht finden, indem du nach der **Handlung**, der **Tätigkeit**, suchst.

Übung 1

Probiere es gleich einmal aus! „Unterschlängele" die Prädikate, das heißt, unterstreiche sie mit einer grünen Schlangenlinie:
„Es klapperten die Klapperschlangen,
bis ihre Klappern schlapper klangen."

Das war ein Kinderspiel, nicht wahr?

Im Lateinischen ist das **Prädikat** oft noch leichter zu erkennen als im Deutschen: Es steht in der Regel am **Ende des Satzes**. Und die häufigsten **Endungen**, nämlich **-t** bzw. **-nt** der 3. Pers., unterscheiden sich deutlich von allen anderen Satzgliedern.

Sklaven zeigen den Gästen den Wagen.	*Servi convivis carrum monstrant.*
Sechs gleiche Endungen! Da hilft nur Fragen: Handlung? Wer? Wem? Was?	**Vier verschiedene** Endungen (eine davon: eindeutig Prädikat)

Bleiben wir noch beim Prädikat und sehen es uns ein bisschen genauer an; denn da gibt es einige Besonderheiten:

Was bin ich?

Du kennst doch das bekannte Ratespiel „Was bin ich?". Zu Anfang gibt es immer eine Ratehilfe: „Herr XY ist selbstständig/nicht selbstständig." Und dann geht's los... Stell dir nun einmal vor, die Ratenden sagen am Ende: „Herr Kalkulator ist." Das würden die Mitspieler sicher nicht als Lösung gelten lassen. Es fehlt ja der wichtigste Teil der Aussage, die „bessere **Hälfte" des Prädikats**: „Herr Kalkulator ist **Mathelehrer**!" Der wichtigste Teil der Satzaussage (Prädikat) ist hier also nicht das Verb „ist", sondern ein **Nomen**. Im Satz „Herr XY ist selbstständig" gehört ein **Adjektiv** zum **Prädikat**, im Satz „Herr Kalkulator ist **Mathelehrer**" ein **Substantiv**.

Regel

Ein Prädikat, das aus **Hilfsverb**[1] und **Nomen** (Substantiv/Adjektiv) besteht, nennt man **nominales Prädikat**.

1 Das Hilfsverb in dieser Funktion wird in manchen Büchern auch **Kopula** oder **Prädikatskern** genannt, das Nomen »Prädikatsnominativ". Zu merken brauchst du dir das nur, wenn es in deinem Buch vorkommt.

Übung 2

Und nun kannst du mal raten, beziehungsweise messerscharf erschließen, wie das **Nomen im Prädikat** heißt:

Das **Nomen** im Prädikat heißt nominales Prädikat.

Da ich dir jetzt noch verrate, dass manche Bücher das Nomen im Prädikat auch **Prädikatsnominativ** nennen, kannst du leicht den **Kasus** erschließen:

Das Prädikatsnomen steht im Nominativ.

Denk also beim **nominalen Prädikat** einfach an das Ratespiel „**Was bin** ich?“, dann kannst du die richtigen Fragen nach dem Prädikatsnomen bestimmt leicht behalten:

„**Wie/Was bin** ich?“

Auch die Fachausdrücke für das nominale Prädikat sind kein Problem mehr, wenn du dir die folgende Übersicht einprägst. Du kannst sie dir vor der nächsten Klassenarbeit ein paar Mal aufsagen, das hilft gegen Unsicherheit und Aufgeregtheit (aber natürlich nur, wenn du gelernt hast!).

Ich Ich	bin bin	ein Lateiner/eine Lateinerin fit.
	Hilfsverb (HV) „sein“ im nominalen Prädikat	Prädikatsnomen (PN = Subst./Adj.) als Teil des Prädikats
nominales Prädikat (P)		

Lies die Übersicht dreimal laut, klapp dann das Buch zu und zeichne sie auswendig in dein Heft. Stimmt alles? Dann bist du fit! Sonst probierst du es morgen noch einmal!

Natürlich gibt es auch im Lateinischen nominale Prädikate, die aus dem **Hilfsverb „esse“** und einem **Prädikatsnomen** bestehen:

Der Wagen	ist	teuer.	***Carrus***	*carus*	*est.*
	Hilfsverb	Präd.-Nomen		Präd.-Nomen	Hilfsverb
	Prädikat			Prädikat	

„. . . est“ ist nur ein halbes P,
gleich nach dem PN ich seh!

(Manchmal spricht Mama Lupa in Rätseln. Aber du als Eingeweihter/als Eingeweihte kennst die Lösung und kannst sie dir als Regel merken!)

Der **verbale Teil des Prädikats** macht keine Schwierigkeiten: Das **Hilfsverb (est/sunt)** steht meist am Ende des Satzes, dort ist es leicht zu finden.
Aber beim lateinischen **Prädikatsnomen** musst du aufpassen! Ehe man sich versieht, hat es sich verändert: Das Prädikatsnomen richtet sich im Lateinischen **nach dem Subjekt** (es **kongruiert**), was man im Deutschen nicht immer so deutlich erkennen kann:

Übung 3

Vergleiche einmal die deutschen und die lateinischen Prädikatsnomina und markiere Veränderungen.

Subjekt	Prädikat		Subjekt	Prädikat	
	Hilfsverb	Prädikats-nomen		Prädikats-nomen	Hilfsverb
Der Wagen	ist	teuer.	Carrus	carus	est.
Die Wagen	sind	teuer.	Carri	cari	sunt.
Die Hütte	ist	teuer.	Casa	cara	est.
Die Hütten	sind	teuer.	Casae	carae	sunt.

Du siehst, im Deutschen bleibt das Adjektiv im Prädikatsnomen gleich, im Lateinischen ändert sich das Adjektiv des Prädikatsnomens: Es richtet sich nach dem Subjekt.
Präge dir deshalb die Regel 2 gut ein (zweimal laut lesen, dreimal auswendig nachsagen, dann behältst du sie bestimmt)!

Das **Prädikatsnomen** bei est/sunt steht im **Nominativ**.
Im Lateinischen stimmt das **Adjektiv/Substantiv des Prädikatsnomens** mit dem **Subjekt** überein, das heißt, das **Prädikatsnomen kongruiert** mit dem **Subjekt** in

Kasus (Fall),
Numerus (Zahl) und
Genus (Geschlecht).

Eine solche Übereinstimmung heißt **KNG-Kongruenz**.

Und nun kommt die erste lateinische Aufgabe: Jetzt gilt es, die Prädikatsnomina zu suchen wie Ostereier.

Übung 4

Unterschlängele in den folgenden Sätzen das ganze Prädikat und bezeichne Hilfsverb (HV) und Prädikatsnomen (PN) wie im ersten Beispielsatz! Ergänze dann die lateinischen Endungen!

1. Wenn die (einzelnen) Speisen gut (PN) sind, (HV) ist (HV) die Mahlzeit gut (PN).
   Si cibi boni (PN) sunt, (HV) cena bona (PN) est (HV).

2. Clara ist lieb, aber der Malefax ist ein Tunichtgut.

Clara car___ est, sed Malefax malefic___ est.

3. Trotzdem sind Marcus und Malefax Freunde.

Tamen Marcus et Malefax amic___ sunt.

4. Auch Clara und Claudia sind Freundinnen.

Et Clara Claudiaque amic___ sunt.

Bevor du Satz 5 bearbeitest, gibt dir Mama Lupa schnell noch einen Tipp:

Bei den Römern war **m-**an stärker als **f-**rau, sie musste sich nach ihm richten!

5. Aber Clara und Malefax sind keine Freunde,

Sed Clara et Malefax amic___ non sunt (!),

denn ein Streich von Malefax war gemein (übel) und erschreckte Clara.

nam maleficium Malefacis mal___ fuit et Claram terruit.

Claudia et Clara amic**ae** sunt.

Claudia et Marcus amic**i** sunt.

Germanicus et Malefax amic**i** sunt.

Wenn du alle Aufgaben richtig gelöst hast, weißt du für heute genug über das Prädikat. Klopf dir auf die Schulter „Gut gemacht!“ und klapp das Buch zu! Morgen wird weitergefragt!

A 2. Subjekt – Objekt

Wer? Wen? Wem? Mit Fragen geht's bequem.

Ein **Prädikat** allein ergibt natürlich noch keinen sinnvollen Satz. Zumindest gehört ein Subjekt dazu, meist auch noch ein **Objekt** als **notwendige Ergänzung**.
Du willst wissen, wie man diese Satzglieder findet?
Ganz einfach: durch Fragen!

Wer? Wen? Wem? Mit Fragen geht's bequem!

Nehmen wir wieder einen Beispielsatz: Zuerst suchen wir nach der Handlung, von da aus fragen wir weiter:

Der Lehrer erklärt den Schülern den Satz.

Ausgangspunkt:	**erklärt**	=	**Prädikat** (Sg.)
Wer (oder **was**) erklärt?:	der Lehrer	=	**Subjekt** (Sg. wie das Prädikat)
Wen (oder **was**) erklärt er?:	den Satz	=	**Akk. Obj.** (Akk. Sg.)
Wem erklärt er den Satz?:	den Schülern	=	**Dat. Obj.** (Dat. Pl.)

Möchtest du die Fragen in einer übersichtlichen Tabelle – zum Lernen und Behalten? Bitte schön, hier sind sie:

Tabelle 1

Frage	Satzglied	Kasus
Wer oder **was**? **Wen** oder **was**? **Wem**?	**Subj.** (= Subjekt) **Akk. Obj.** (= Akkusativobjekt) **Dat. Obj.** (= Dativobjekt)	**Nominativ** **Akkusativ** **Dativ**

Übung

1

Hast du die Fragen schon im Kopf? Dann befrage einmal folgende Sätze und bestimme die Satzglieder: Schreibe Fragen und Antworten so ins Heft, wie du es beim ersten Beispiel siehst.

1. Der Herr kauft einen Sklaven.

   Wer kauft? Der Herr. = Subj. (Nom. Sg.)

   Wen (oder was) kauft er? Einen Sklaven. = Akk. Obj. (Akk. Sg.)
2. Vera kauft ein Geschenk.
3. Das Geschenk ist schön.
4. Sie gibt der Mutter das Geschenk.
5. Die Mutter freut sich.

Bevor wir jetzt unser Fragespiel lateinisch ausprobieren, will ich dir noch ein paar wichtige Hilfen geben:

Wir kennzeichnen von jetzt an vor jeder Übersetzung die drei wichtigsten Satzteile **Prädikat**, **Subjekt** und **Akkusativobjekt** mit verschiedenen Linien und Farben. So hat die Satzkonstruktion ein Gerüst, in dem du sicher herumklettern kannst. Das sieht dann so aus:

Er zeigt den Wagen.
Farbig kennzeichnen wir das Wichtigste, den Satzkern: Prädikat = **Präd.**: grüne Schlangenlinie: (und alles, was dazugehört.) Subjekt = **Subj.**: güne durchgezogene Linie: (und alles, was dazugehört.)
Akkusativobjekt = **Akk. Obj.**: schwarze gestrichelte Linie: (und alles, was dazugehört.)

Gut gefragt und bemalt ist halb übersetzt!

Übung 2

Jetzt geht's zur Sache: Hol dir deine schönsten Farbstifte und male die folgenden Sätze bunt: Unterstreiche Prädikat, Subjekt und Akkusativobjekt (nichts anderes!).

1. Malefax erschreckt Clara durch einen üblen Streich:
2. Er setzt heimlich Frösche ins Atrium.
3. Clara ruft erschrocken den Vater zu Hilfe.
4. Da lachen alle Clara aus. Clara ist wütend auf Malefax.

Und jetzt wollen wir ausprobieren, wie man lateinische Sätze befragt:

Hier siehst du einen lateinischen Satz:

Cantat.

„Einen Satz??" fragst du. „Das ist doch bloß ein einziges Wort!" Aber bei der Übersetzung merkst du: Es ist tatsächlich ein vollständiger Satz.

Er	**singt.**
Subjekt +	Prädikat

Das **Subjekt** steckt hier in einem einzigen Buchstaben, in der **Personenendung -t**. Diese Tatsache macht Schülern oft Schwierigkeiten. Deswegen merke dir:

Regel

Im Lateinischen kann das Subjekt in der Personalendung des Prädikats stecken:

Canta **t.** Er sing **t.**

Kluge Köpfe fangen deshalb ihre Übersetzung einfach am Ende des Satzes mit den letzten Buchstaben des lateinischen Prädikates an, mit der Endung. Das geht so:

Canticum ***canta*** ***t.***

1 → *t*

2 → singt

3 → ein Lied.

Nach diesen Vorüberlegungen kannst du jetzt auch lateinische Sätze bearbeiten.

Aller Anfang ist leicht, wenn man am Ende anfängt!

Übung 3

Befrage die Sätze, wie du es eben im Deutschen geübt hast. Trenne die Satzglieder durch senkrechte Striche ab und unterstreiche Prädikat, Subjekt und Akkusativobjekt (nichts anderes!). Dann übersetze ins Heft:

1. Mater	filiae	pupam	donat.
Subj.	–	Akk. Obj.	Präd.

Die Mutter schenkt der (ihrer) Tochter eine Puppe.

2. Filia pupam amat.

3. Mater laeta est.

4. Dominus servum laudat.

5. Servus laetus est.

6. Semper domino paret.

____

____

Diese einfachen Sätze hast du bisher gut übersetzen können, indem du **Sinnfragen** gestellt hast: **Wer** schenkt eine Puppe? ... **Wen** oder **was** liebt die Tochter?
Damit du immer die richtigen Antworten findest, musst du erkennen können, **welche Endung** zu deiner Frage passt. Dabei hilft dir folgende Tabelle:

Tabelle 2

Frage ↓ Satzglied		Dekl.-Endungen als Antwort auf die Fragen		
		a-Dekl.	**o**-Dekl.	
		f	m	n
Wer/Was? ↓ Subj.	Sg.	**a**	**us/er**	**um**
	Pl.	**ae**	**i**	**a**
Wen/Was? ↓ Akk. Obj.	Sg.	**am**	**um**	**um**
	Pl.	**as**	**os**	**a**

Lies die Tabelle zweimal laut, damit sie über dein Auge und dein Ohr ins Gedächtnis gelangt!

V 7: Laut lernen!
G 3: Mach dir ein Paukposter!

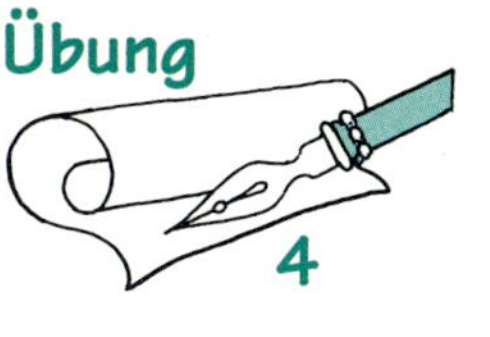

Prüfe nun, ob du die richtigen Endungen auf die Fragen schon im Kopf hast: Welche Endungen der a- und o-Dekl. können antworten
a) auf die Frage wer/was?
b) auf die Frage wen/was?

konsonantisch/gemischte Deklination, u-, e-Deklination

Voraussetzung

Wenn du weitere Deklinationen kennst, lerne auch die Tabelle 3 auf der nächsten Seite mit Hilfe der gleichen Tricks und beantworte die Übung 5.

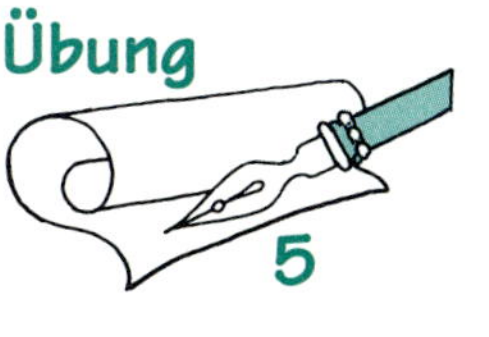

Welche Endungen der **konsonantischen Deklination**, der **u**- und der **e-Deklination** können antworten
a) auf die Frage wer/was?
b) auf die Frage wen/was?

Tabelle 3

Frage → Satzglied		Dekl.-Endungen als Antwort auf die Fragen				
		kons. Dekl.		**u**-Dekl.		**e**-Dekl.
		m/f	n	m	n	
Wer/Was? → Subj.	Sg.	verschieden		**us**	**u**	**es**
	Pl.	**es**	**a/ia**	**us**	**ua**	**es**
Wen/Was? → Akk. Obj.	Sg.	**em**	ver-schieden	**um**	**u**	**em**
	Pl.	**es**	**a/ia**	**us**	**ua**	**es**

3. Adverbiale Bestimmungen – Attribute

Wann? Wo? Wie? Wer fragt, der irrt sich nie!

Du hast nun zwar die wichtigsten Satzglieder kennengelernt. Manchmal ist damit allerdings noch nicht alles Wichtige gesagt. So hat zum Beispiel Vera eines Tages ein Telegramm bekommen:

TREFFE BRUDER. FAHRE. MAX.

Bei aller Liebe zur Kürze: Dieses Telegramm ist wirklich zu kurz! Vera weiß nicht, **wann** und **wo** und **wie** Max abfahren will. Sie weiß auch nicht, **welchen** Bruder Max treffen will: er hat nämlich zwei Brüder und Vera drei!

Die **genaueren Umstände einer Handlung** sind also manchmal äußerst wichtig, ebenso wichtig wie die **genauere Bestimmung von Personen und Gegenständen**.

Für solche Angaben kennst du wahrscheinlich schon die Fachausdrücke:
Nähere Bestimmung eines **Nomens: Attribut** = **Attr.** (Beifügung)
Angabe der Umstände beim **Verb:** **Adverbiale Bestimmung** = **Adv. Best.** (Umstandsbestimmung)

Erst mit diesen zusätzlichen Angaben wird Max' Telegramm sinnvoll:
„Ich treffe deinen ältesten Bruder in Trier, fahre um 6.30 Uhr in Köln Hbf mit dem Zug ab."

Nach Attributen und adverbialen Bestimmungen kann man natürlich auch wieder fragen:

Max besucht	Veras ältesten Bruder	im Sommer
	welchen? was für einen?	**wann?**
	Attribute	**Adverbiale Bestimmung** (Zeit)

gern	mit dem Zug	in Trier.
wie?	**wie?**	**wo?**
Adv. Best. (Art + Weise)	**Adv. Best.** (Art + Weise)	**Adv. Best.** (Ort)

Du siehst an diesem Beispielsatz, dass **Attribute** und **adverbiale Bestimmungen** schon im Deutschen **ganz verschieden** aussehen können:

Adv. Best.: „gern" (Adverb),
„mit dem Zug" (Präposition + Substantiv)

Attr.: „Veras" (Genitiv eines Substantivs),
„ältesten" (Adjektiv, im gleichen Kasus wie das Substantiv, zu dem es gehört)

Deshalb kann man diese Satzglieder nicht an der Form erkennen. Du findest sie am besten durch **Sinnfragen**.
Präge dir die folgende Tabelle mit den richtigen Fragen ein! (Zweimal laut lesen, dreimal auswendig nachsagen!)

V 7: Laut lernen!

Tabelle 4

Frage	antwortendes Satzglied	Beispiel	
was für ein? welcher?	Attr. (Attribut) adj. Attr. (adjektivisches Attribut) Gen. Attr. (Genitivattribut)	 ältester Veras	Attribut
wann? wie lange?	Adv. Best. (Zeit) (Adverbiale Bestimmung der Zeit)	um 6.30 Uhr	Adverbiale Bestimmung
wohin, woher und wo?	Adv. Best. (Ort) (Adverbiale Bestimmung des Ortes)	in Trier	
wie?	Adv. Best. (Art) (Adverbiale Bestimmung der Art und Weise)	gern	

Übung 1

In den folgenden Sätzen findest du nun alle bisher besprochenen Satzglieder bunt gemischt. Bestimme diese Satzglieder durch Fragen, und zwar in der Reihenfolge, die wir bisher benutzt haben:

1. Präd. suchen und grün unterschlängeln,
2. Subj. suchen und grün unterstreichen,
3. Akk. Obj. suchen und stricheln,
4. Übrige Satzglieder mit Sinnfragen suchen und durch | senkrechte Striche | abteilen – so wie sie dem Sinn nach zusammengehören.

1. Malefax | ist ein richtiger Tunichtgut | , er erschreckt

   Subj. HV PN P

   die Mädchen | oft mit schlimmen Streichen.

   Akk. Obj. Adv. Best

2. Nächstes Jahr fährt er einen ganzen Monat nach Rom.

3. Dort wohnt er im Haus seines Onkels.

4. Dem Onkel will er einen Frosch mitbringen.

Nun versuchen wir das gleiche Fragespiel lateinisch. Lies dir vorher noch einmal die Deklinationsendungen in Tabelle 2 und 3 (S. 15f.) durch – oder kannst du sie schon auswendig?

Übung 2

Bestimme die Satzglieder genau wie in Übung 1 (Unterstreiche vorher wieder!!).

1. Atticus servus Graecus est et iam diu in Italia habitat.

2. Syrus amicus Attici[1] est et multas horas (!) fabulas narrat.

3. Atticus pulchras Syri[2] fabulas (!) valde amat.

1 *Attici*: des Atticus (Männername) • 2 *Syri*: des Syrus

G 3: Mal dir ein Paukposter!

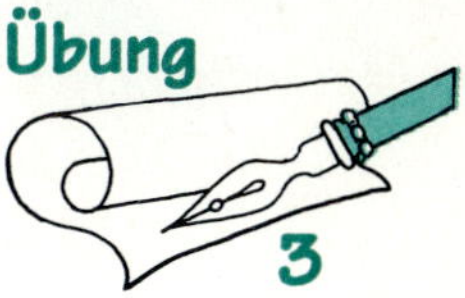

Nun übersetze die Sätze ins Deutsche!

Atticus fabulas amat. **Syrus pulchras fabulas narrat.**

Wenn du jetzt das Gefühl hast, dass Fragen, Unterstreichen und Bestimmen schon gut sitzen, kannst du (morgen!) das nächste Kapitel anfangen. Ansonsten wiederhole lieber noch einmal einige Übungen zum Erkennen von Satzteilen. Das wird dir dabei helfen, dass du Sicherheit im Umgang mit lateinischen Formen gewinnst.

Achte ab jetzt immer auf die Kapitelüberschrift und das Zeichen

Voraussetzung

Wie schon erwähnt, gehen nicht alle Lateinbücher in der gleichen Reihenfolge vor. Deswegen gebe ich dir immer genau an, was in dem folgenden Text behandelt wird. Suche dir anhand der Überschriften und der Voraussetzung die Kapitel zum Üben heraus, die ihr in der Schule besprochen habt. Denn du sollst hier nichts Neues erarbeiten, sondern Bekanntes üben und vertiefen.

B Übungen zur Deklination

1. Nominativ und Akkusativ

Übungsinhalt 1

Nominativ und Akkusativ; Subjekt und Akkusativobjekt

Germanicus scholam visitat.
Germanicus besucht eine Schule.

Voraussetzung

a-Deklination; o-Deklination m und n

Viele lateinische Wörter haben wir Germanen mit den Gegenständen von den Römern übernommen. Du brauchst dich nur in deinem Zimmer umzusehen: rundum Römerspuren, von denen du vielleicht gar nichts ahnst! Das erkunden wir jetzt einmal:

Wörterbild

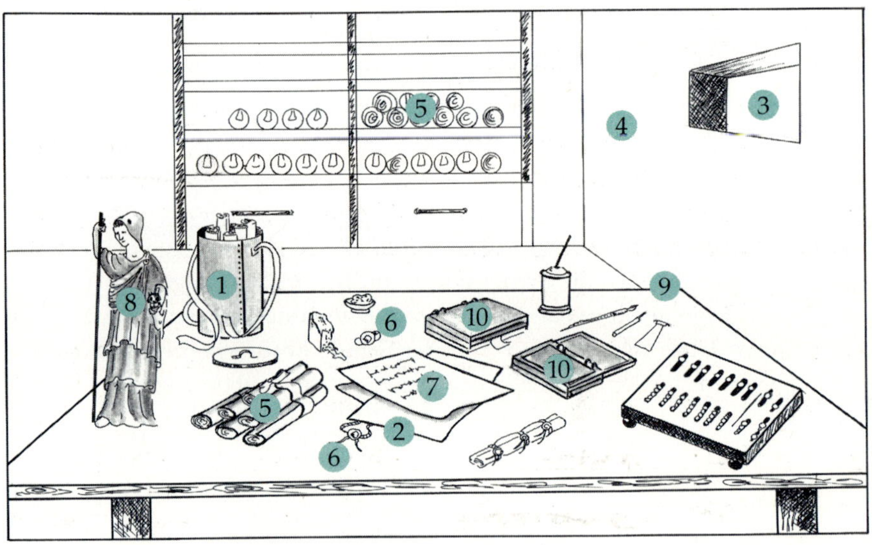

1 capsula 2 charta 3 fenestra 4 murus 5 papyrus 6 sigillum
7 scriptum 8 statua 9 stilus 10 tabula

Römisches Bilderrätsel

Übung 1

Sieh dir das Bild eines römischen Schreibtisches genau an und probiere aus, wie viele Wörter du aus dem Bild erschließen kannst.
Schreibe die Vokabeln auf Karteikärtchen, auf der Vorderseite das lateinische Wort. Auf die Rückseite schreibst du die Übersetzung – erst mal mit Bleistift, damit du beim Vergleichen notfalls korrigieren kannst.
Übrigens: Mal dir die römischen Gegenstände doch auf die Rückseite deiner Kärtchen zur Übersetzung dazu: Vokabelmalen macht Spaß!

V 11: Bau dir ein „Vokabel-Trimm-dich-Gerät"!
V 17: Mal mal wieder!

Hebe die Kärtchen auf, um sie später zu ergänzen (S. 69/70).

Übung 2

Ist dir aufgefallen, dass sich manchmal im Deutschen das **Genus** (Geschlecht) des Wortes geändert hat? Das Wort *scriptum*, das Geschriebene, ist im Lateinischen ein Neutrum (**n**), wird aber im Deutschen zum Femininum (**f**): **die** „Schrift".
Notiere auf der Rückseite deiner Vokabelkärtchen neben der Übersetzung jeweils, ob sich das Genus des Lateinischen im Deutschen geändert hat:

Vorderseite	Rückseite
scriptum	„Schrift" n → f
capsula	„Kapsel" f = f

Übung 3

Schreibe nun auf, **wen/was** unser Germanicus bei seinem Besuch in der römischen Schulstube sieht. Achte darauf, ob er einen oder mehrere Gegenstände dieser Art sieht. Schreibe Numerus (Sg./Pl.) und Genus (m/f/n) dazu. (Du weißt doch noch, welcher Kasus auf die **Frage Wen? Was?** antwortet?)

1. Er sieht eine Bücherkapsel capsulam videt. (Sg. f)
2. Er sieht ein Blatt Papier charta videt. (Sg. f) F Pl
3. Er sieht ein Fenster fenestra videt. (Sg. f)
4. Er sieht eine Wand murus videt. (Sg. m) F Pl
5. Er sieht ~~eine~~ Papierrollen papyrus videt. (Sg. m) F Pl
6. Er sieht ~~eine~~ Schreibtafeln sigillum videt. (Pl. n) F Sgl. n
7. Er sieht eine Schrift scriptum videt. (Pl n)
8. Er sieht eine Statue statua videt. (Sg f)
9. Er sieht Stifte + Griffel stilus videt. (Sg m) F Pl
10. Er sieht tabula videt. (Sg f) F Pl

Na, wie bist du zurechtgekommen? Ist das Lösungsheft ein paar Mal anderer Meinung als du? Geht es dir auch oft so, dass du das alles ja eigentlich richtig gewusst hast, dass dir aber mal wieder so ein paar „blöde" Flüchtigkeitsfehler passiert sind? Die kannst du in Zukunft vermeiden, wenn du ein bisschen trainierst. Dein Training besteht aus „genau hinsehen" und „genau fragen", wie zum Beispiel:
Kann die Form, die ich gefunden habe, überhaupt auf meine Frage, z. B. **„Wer?"**, **„Wen?"** oder **„Was?"**, antworten?
Genau so wichtig ist die Frage „**einer** oder **mehrere**?"!
Dazu gibt es hier im Buch immer wieder Übungen.

Hier also gleich die ersten Übungen zum **Training** deiner **Konzentrationsfähigkeit**. Es geht erst einmal nur um die **a-** und **o-Deklination**.

Übung 4

Auf welche Fragen können die folgenden lateinischen Wörter antworten? Schreibe die Wörter in die richtige Spalte. (Achtung: Manchmal gibt es mehrere Möglichkeiten!!)

murus, fenestra, tabulam, scripta, papyrum, sigillum, stilus, muri, statuas, papyros

Wer oder **was**? (Nom.)	**Wen** oder **was**? (Akk.)
murus	~~fenestra~~ papyrum
scripta	tabulam
~~papyrum~~ fenestra	~~sigillum~~ statuas f
stilus	papyros
muri	scripta f
~~statuas~~ sigillum f	sigillum f

... und noch eine weitere Übung zum genauen Hinsehen: 4F

Übung 5

Handelt es sich bei den angegebenen Wörtern um einen oder mehrere Gegenstände? Schreibe die Wörter wieder in die richtige Spalte!

eine(r) (Sg.)	**mehrere** (Pl.)
murus	~~tabulam~~ scripta
fenestra	~~papyrum~~ papyros
~~scripta~~ papyrum	~~sig~~ muri
sigillum	statuas
stilus	
~~papyros~~ tabulam	

Nominativ und Akkusativ konsonantische Deklination

Übungsinhalt 2

Vera non solum sorores invitat.
Vera lädt nicht nur Schwestern ein.

Nominativ und Akkusativ der konsonantischen Deklination auf -or und -er

Voraussetzung

Hast du es schon einmal mit einer Ketteneinladung probiert? Das ist eine spannende Angelegenheit: Ein Gastgeber lädt zwei Freunde ein, von denen jeder wieder zwei Freunde mitbringt, von denen jeder wieder zwei... etc. Das Ergebnis ist eine ganz neu zusammengesetzte Gesellschaft – und manchmal eine Überraschung... Aber sieh selbst:

Text

Überraschung bei der Fete

1. Vera Corneliam et Titum convivas ad festum[1] invitat.
2. Cornelia Iuliam et Aemiliam amicas invitat; Titus Sextum et Septimum amicos invitat.
3. Iulia et Aemilia Octaviam Claudiamque vicinas et Faustinam Bellamque sorores invitant; Sextus et Septimus Malefacem Aulumque vicinos et Quintum Gaiumque fratres invitant.
4. Malefax amicos Lucium Veramque invitat. Sed Vera: „Tecum[2] venire non possum[3], nam convivas invitavi[4]."
5. Paulo post Malefax ad festum venit. Et quem videt? Veram videt. Vera ridet et Malefacem convivam salutat. (73 Wörter)

1 *ad festum*: zu einem Fest (‚Fete'!) • 2 *tecum venire*: mit dir kommen • 3 *possum*: ich kann • 4 *invitavi* (Perf.): ich habe eingeladen

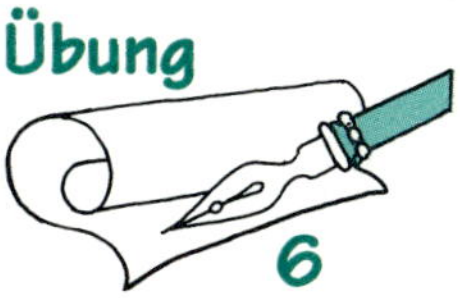

Übersetze den Text in dein Heft. Achte darauf, dass du die Namen richtig (im Nominativ!) aufschreibst: nicht Corneliam, sondern Cornelia.

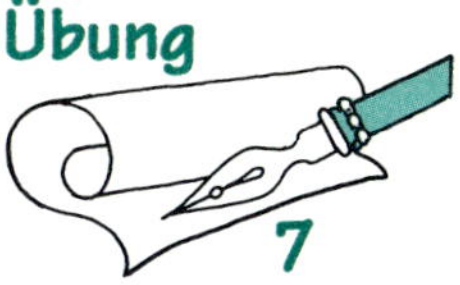

Freunde? Geschwister?

Untersuche einmal die persönlichen Beziehungen dieser bunt gemischten Gesellschaft: Unterstreiche alle Wörter, die Bekanntschaft oder Verwandtschaft bezeichnen, und schreibe sie auf Vokabelkärtchen – auf die Vorderseite die Grundform, den Nom. Sg.: ***conviva***, auf die Rückseite die Übersetzung: **Gast**.

Frage nun: „**Wer** sind hier die Freunde / Nachbarn / Verwandten?" Schreibe es lateinisch auf und unterstreiche die Veränderungen wie hier im Mustersatz:

1. *convivas – Cornelia et Titus convivae sunt.*

Fällt dir bei *sorores* und *fratres* etwas auf? Diese Wörter sind im Nominativ und Akkusativ Plural gleich. Das ist zum Lernen zwar bequem, man braucht nur eine Form zu behalten.

Beim Übersetzen musst du dann allerdings immer bedenken, dass bei der konsonantischen Deklination die Endung **-es** im Plural **Nominativ** und **Akkusativ** sein kann, also auf die Fragen **„Wer?“** und **„Wen?“** antworten kann.

Hier siehst du noch einmal auf einen Blick, welche Fragen und Formen zusammengehören:

Tabelle 5

a-Dekl.	o-Dekl.		konsonantische Dekl. m/f		
f	m	n	m	m	f
Einer? → Sg.					
Wer? Was? → Nominativ					
amica die Freundin	amicus der Freund	templum der Tempel	pastor der Hirte	frater der Bruder	mulier die Frau
Wen? Was? → Akkusativ					
amicam die Freundin	amicum den Freund	templum den Tempel	pastorem den Hirten	fratrem den Bruder	mulierem die Frau
Viele? → Pl.					
Wer? Was? → Nominativ					
amicae die Freundinnen	amici die Freunde	templa die Tempel	pastores die Hirten	fratres die Brüder	mulieres die Frauen
Wen? Was? → Akkusativ					
amicas die Freundinnen	amicos die Freunde	templa die Tempel	pastores die Hirten	fratres die Brüder	mulieres die Frauen

Wenn du in der Tabelle die deutschen Artikel ansiehst, stellst du fest, dass die Form „die“ sehr vieldeutig ist.

Übung 8

Zähle einmal nach, wie oft der deutsche Artikel „die“ vorkommt: 17 mal.
Probiere aus, ob du alle entsprechenden lateinischen Substantivformen aufschreiben kannst! Stelle dabei zwei Gruppen nach dem Geschlecht zusammen:

I. „die“: Feminina (das ist ja klar!),
II. „die“: Masculina und Neutra (das muss man sich mal klarmachen!).

Nominativ und Akkusativ der konsonantischen und gemischten Deklination

Übungsinhalt 3

Iudex ***iustus*** *testem* ***interrogat.***
Der **gerechte** Richter **befragt** einen Zeugen.

Voraussetzung

Nominativ und Akkusativ der konsonantisch/gemischten Deklination auf -r, -x, -is/-es

Das ist die schwierige und spannende Frage im folgenden Nachbarschaftsstreit: Emil verklagt Flavus, den blonden Sklaven seines Nachbarn Victor, er habe nachts heimlich die Kirschen in seinem Garten geerntet. Victor und seine Gäste hätten dann die kostbaren Kirschen bei einem Gelage lärmend und lachend verzehrt…

Hier zunächst die Personen:

Iulius Iustus:	***iudex*** = Richter	Silvia:	***serva*** = Sklavin (des Emil)
Aemilius:	***accusator*** = Kläger	Tiberius:	***testis*** = Zeuge
Victor:	***vicinus*** = Nachbar (vicini: des Nachbarn)	Flavus:	***servus*** = Sklave (des Victor)

Übung 9

Lies erst einmal den Text und stelle fest, wer hier wen anklagt und verurteilt. Am besten unterstreichst du die handelnde Person (Subj.) grün; den Angeklagten (accusatus → „Akkusativ"!) kannst du sicher identifizieren, wenn du die Akkusativobjekte mit einer gestrichelten Linie kennzeichnest.
Dann übersetze!

Text

Wen verurteilt Richter Julius, der Gerechte?

1. Aemilius accusator Flavum servum ante Iulium Iustum iudicem accusat: „Servum vicini accuso[1]! Nam Flavus fur est. Serva mea furem barbatum[2] vidit[3]: barbam flavam[4] habet ut Flavus. Flavus, servus vicini, cerasa mea raptavit[5]."

2. Aemilius Silviam servam vocat, Silvia affirmat: „Furem barbatum vidi[6], fur barbam flavam habet."

3. Tum Iulius Iustus iudex Tiberium testem interrogat. Tiberius testis narrat: „Heri ante Aemilii[7] hortum ambulo. Subito femina clamat: ‚Adiuvate! Fur cerasa raptat! Tenete barbam flavam!' Vir e horto evolat et saccum[8] portat. Ego furem tenere volo[9], sed evolat… Barbam flavam manu[10] teneo, nam barba falsa est. Videte! Hic est barba flava!"

Löse nun den Fall und ergänze die Endungen:

4. Subito test___ ad Aemilium accusat___ properat. „Videte! Hic in Aemilii veste[11] sunt capill___[12] e[13] barba flava! Hic est corpus[14] delicti!" Itaque Iul___ iud___ Aemili___ accusat___ ad carcerem[15] damnat! (124 Wörter)

1 *accuso*: ich klage an • 2 *barbatus, a, um*: bärtig • 3 *vidit*: (sie) hat gesehen • 4 *barba flava*: blonder Bart • 5 *cerasa mea raptavit*: er hat meine Kirschen gestohlen • 6 *vidi*: ich habe gesehen • 7 *ante Aemilii hortum*: vor Emils Garten • 8 *saccum*: den Sack • 9 *tenere volo*: ich will halten • 10 *manu teneo*: ich halte in der Hand • 11 *in Aemilii veste*: auf Emils Kleid • 12 *capillus*: Haar • 13 *e (= ex) barba*: aus dem Bart • 14 *corpus delicti*: Beweisstück (wörtlich: Körper des Verbrechens) • 15 *ad carcerem*: zu Kerker(strafe), „Karzer"

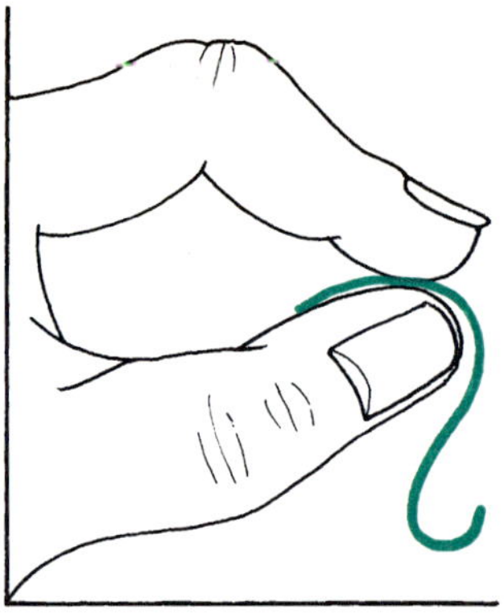

Das corpus delicti

Jetzt ist alles klar! Ein falsches blondes Haar – **das *corpus delicti*** – hat den hinterlistigen Täter verraten.

Du hast richtig gelesen, und ich habe mich auch nicht verschrieben: Es heißt tatsächlich **„das *corpus*"**.

Das ***corpus delicti*** hat das **Genus Neutrum**.

Merke dir den Ausdruck, dann kannst du leicht **das Genus** (!) behalten.

Die Wörtchen *corpus* und *genus* sehen ganz harmlos aus, man könnte sie glatt für Masculina der o-Deklination halten. Erst wenn man die anderen Kasus sieht, merkt man: Es sind **Neutra der konsonantischen Deklination**.

Du hast schon beim Neutrum der o-Dekl. gelernt, dass Nominativ und Akkusativ gleich sind, das gilt für alle Neutra!
Fürs Lernen ist das zwar erfreulich, aber beim Übersetzen muss man wieder besonders aufpassen! Präge dir also die folgende Tabelle gut ein.

Tabelle 6

Neutra der o-Deklination und der konsonantischen Deklination

	o-Dekl.	konsonantische Dekl.			
Sg. Nom.	for**um** (Markt)	carm**en** (Lied)	corp**us** (Körper)	gen**us** (Geschlecht)	cap**ut** (Kopf, Haupt)
Akk.	for**um**	carm**en**	corp**us**	gen**us**	cap**ut**
Pl. Nom.	for**a**	carmin**a**	corpor**a**	gener**a** (!)	capit**a** (!)
Akk.	for**a**	carmin**a**	corpor**a**	gener**a**	capit**a**

Vorsicht bei der Endung -a: Sie ist mehrdeutig:

fenestra: ein Fenster = **Nominativ Sg.** (und **Ablativ Sg.**) der a-Dekl.!

carmina: die Lieder, die Gedichte = **Nominativ** und **Akkusativ Pl.** der **Neutra** aller Deklinationen!

Übung 10

Ordne die Wörter in die richtige Spalte ein und übersetze! Ergänze dann die übrigen Spalten, wie du es im Beispiel siehst.

fenestra, templa, filia, corpora, domina, capita, fora, poeta, genera.

Wer? Was? Ein/er	**Wer? Was?** Mehrere	**Wen? Was?** Mehrere
fenestra das Fenster	fenestrae die Fenster	fenestras die Fenster
templa der Tempel	templae die Tempel	templas die Tempel

Und jetzt noch eine Diebesgeschichte:

Übungsinhalt 4

Prädikatsnomen und Akkusativobjekt

Fur caput calvum non habet.
Der Dieb hat keinen Kahlkopf.

Voraussetzung Adjektive der a-/o-Deklination, Substantive der a-/o- und konsonantisch/gemischten Deklination

Schon wieder ein schwieriger Fall für Richter Julius Justus: Diesmal sind Emils Lederstiefel gestohlen. Es findet sich ein Zeuge, der den Dieb von weitem gesehen hat und wenigstens ein paar Angaben über das Aussehen des Diebes machen kann. In einer Gegenüberstellung soll er den Täter identifizieren.

Übung

11

Übersetze das Verhör in dein Heft. Vergleiche die Aussagen des Zeugen genau mit Abbildung und Beschreibung der drei Verdächtigen, dann kannst du bestimmt im letzten Satz den Täter richtig beschreiben.

Die „Steckbriefe" der drei Verdächtigen:

Wer ist der Täter?

Text

1. Iudex: Estne Syrus fur?
   Testis: Fortasse Syrus fur est.
   Nasus magnus est. Fur quoque nasum magnum habet. Sed caput calvum est. Fur autem non caput calvum, sed capillos longos habet ... Syrus non est fur!
2. Iudex: Estne Segestes fur?
   Testis: Fortasse Segestes fur est. Capilli flavi sunt, barba flava est. Fur quoque capillos flavos et barbam flavam habet. Sed pedes parvi sunt ... Segestes non est fur.
3. Iudex: Estne Sextus fur?
   Testis: Sextus est fur! Sextus sicut (= genauso wie) fur capillos __________
   et barbam ______________ habet.
   Etiam aures __________________ et nasum ______________
   et pedes __________________ habet. (88 Wörter)

Der Zeuge hat eine ganze Weile gebraucht, bis er eine klare Aussage machen konnte – darüber hinaus scheint er auch etwas schwerfällig im Denken und im Sprechen zu sein. Das merkst du daran, dass er immer nur zwei simple Satzbaumuster wiederholt.

„Die Ohren sind groß." **„Er hat große Ohren."**

Übung 12

Kannst du die Satzglieder noch bestimmen? (Notfalls darfst du in Tabelle 1, S. 12 und auf S. 13 nachsehen.)
Untersuche die zwei Sätze einmal genauer und vergleiche, in welchem Kasus „die Ohren" in dem einen und in dem anderen Satz stehen, und welche Satzglieder sie demnach sind.

Aures	magnae	sunt.	Aures	magnas	habet.

Tausche jetzt einmal die eine Satzbauform gegen die andere (d. h. der Nominativ muß Akkusativ werden und umgekehrt):

1. Nasus parvus est. Nasum parvum habet.
2. Capilli flavi sunt. ______________________
3. Pedes magnos habet. ______________________
4. Aures parvae sunt. ______________________
5. Caput magnum habet. ______________________

So, und jetzt wieder totale Konzentration:

Übung 13

Wer oder **wen**?
Ordne folgende Wörter danach, ob sie auf die Frage „Wer?“ oder „Wen?“ bzw. „Was?“ antworten! (Achtung! Manchmal ist beides möglich!)

accusatorem, testes, testis, furem, servos, domini, iudex, Iustus, dominum, accusatores, servas, servi, domina, fora, dominae, testem, accusator.

Wer oder **was**? (Nom.)	**Wen** oder **was**? (Akk.)
testes	accusatorem
testis	testes

Übung 14

Einer oder **viele**? Singular oder Plural?
Auf diese Frage kommt es nicht nur in der Lateinarbeit an! Prüfe dich selbst, ob du sie immer richtig entscheiden kannst. Ordne die folgenden Wörter richtig ein:

muros, villam, pedes, villae, muri, pedem, fora, murum, testes, capita, villas, pes, caput, forum, corpora, amica, testis.

Einer (Sg.)	**Viele** (Pl.)

Einer (Sg.)	Viele (Pl.)

Wenn du noch ein bisschen Training brauchst, kannst du die beiden Übungen einfach umkehren:

Übung 15

Ordne die Wörter aus Übung 13 nach Sg. und Pl.!

Übung 16

Ordne die Wörter aus Übung 14 danach, ob sie auf die Frage „Wer?“ oder „Wen?“ bzw. „Was?“ antworten!

B

2. Genitiv

Übungsinhalt 1

Genitivattribut

Filia filii proavi mecum venit.
Die Tochter des Sohnes des Urgroßvaters kommt mit mir.

Voraussetzung a- und o-Deklination

Malefax will seinen Freund Germanicus besuchen und schreibt, dass er nicht allein kommt, sondern jemand mitbringt. Aber wer ist das?

„Filia filii proavi mei mecum venit."
„Die Tochter des Sohnes meines Urgroßvaters kommt mit (mir)."

Germanicus denkt: „Typisch Malefax! Da wollte er mich wieder mal reinlegen! Aber ich krieg schon raus, wessen Tochter da mitkommt!" Er rechnet nach:
„Die Tochter
des Sohnes
des Urgroßvaters
des Malefax …"
Da geht ihm plötzlich ein Licht auf: „Natürlich! Das ist ja die ______________ von Malefax!
…Rätst du auch, wer die ***filia filii proavi*** ist? Wenn du es nicht gleich herausfindest, kannst du den Namen im Stammbaum suchen: Malefax' Begleiterin heißt Scribonia.

Die Familie von Malefax (= Manius Marcius)

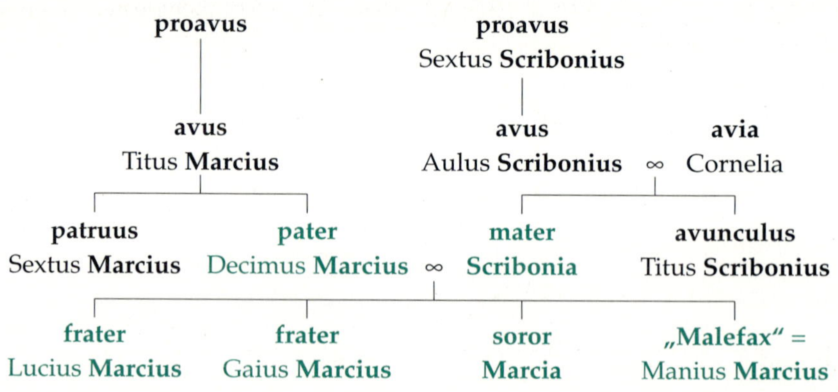

Dass auf die Frage **„Wessen?“** im Lateinischen der **Genitiv** antwortet, weißt du sicher längst. Im Deutschen haben wir aber verschiedene Möglichkeiten, den lateinischen Genitiv wiederzugeben.

*filius **proavi**:* a) der Sohn des Urgroßvaters, des Urgroßvaters Sohn
b) der Sohn von Urgroßvater (Marcius)
c) Urgroßvaters Sohn.

Achtung: Der Genitiv steht im Lateinischen oft vor, seltener hinter dem Substantiv, das er näher bestimmt!

Übung 1

Probiere die verschiedenen Möglichkeiten, einen lateinischen Genitiv zu übersetzen, gleich einmal aus:

aviae filia:

a) ______________________________

b) ______________________________

c) ______________________________

Als Malefax mit der *filia filii proavi* dann bei Germanicus ankommt, muss er gleich den ganzen Stammbaum erklären, denn Germanicus will die Familie Marcius genau kennen lernen.

Übung 2

Übersetze und wähle dabei die Wiedergabe des Genitivs, die am besten klingt:

1. Sextus Marcius filius avi Titi Marcii est et patruus meus.
2. Titus Scribonius, filius Auli Scribonii et Corneliae, avunculus meus est.
3. Sexti Scribonii filius avus meus est.

Malefax´ Erklärung des Familienstammbaums klingt reichlich komisch und umständlich! Weißt du, woran das liegt? Er benutzt nur die a- und die o-Deklination, weil sein Freund Germanicus nur diese beiden Deklinationen kennt. Wenn er „Vater“ meint, sagt er *„filius avi“*, statt „Schwester“ sagt er *„filia filii avi“* usw.

Tabelle 7

Genitivformen der	**a**-Dekl.	**o**-Dekl.
Sg.	**avi-ae** der Großmutter	**av-i** des Großvaters
Pl.	**avi-arum** der Großmütter	**av-orum** der Großväter

Voraussetzung

Konsonantische Deklination

Mit den Wörtern der konsonantischen Deklination könnte sich Malefax kürzer ausdrücken, denn da gibt es Begriffe für Vater, Schwester usw.
Hast du die konsonantische Deklination schon durchgenommen? Dann geht es hier in der Familiengeschichte weiter. Ansonsten darfst du einen Sprung machen bis zum Kapitel: „Die Kinder des Livius" (S. 36).

Übung 3

Rate, wer gemeint ist! Nimm dir noch einmal den Stammbaum zu Hilfe, übersetze dann die hier angegebenen „umständlichen" Formen, wie du es im Beispiel siehst. Finde heraus, wer gemeint ist und schreibe die richtige Bezeichnung auf. (Jeder Punkt = 1 Buchstabe, der Anfangsbuchstabe ist angegeben.)

1. filius avi Marcii:

   Großvater Marcius' Sohn/der Sohn von Großvater Marcius

   = Vater (pater)

2. filia aviae Corneliae: ________________ **(m . . . .)**
3. filius patris (sed non Malefax): ________________ **(f . . . . .)**
4. filia matris: ________________ **(s . . . .)**
5. summa avorum aviarumque, avunculorum, sororum fratrumque (gemeint ist das ganze Geschlecht): ________________ **(g . . .)**

Aus dieser Familienversammlung kannst du gut die **Genitivendungen** der **konsonantischen Deklination** ablesen:

Genitiv der konsonantischen Deklination		
Gen. Sg. Gen. Pl.	fratr -is fratr -um	des Bruders der Brüder

Von der konsonantischen Deklination unterscheidet sich die gemischte Deklination nur durch ein -i- im Genitiv Plural: -ium.

Genitiv der gemischten Deklination		
Gen. Sg. Gen. Pl.	part -is part -ium	des Teils der Teile

Sie wird deswegen in unserem Buch nicht gesondert aufgeführt und geübt.

Nun kann Malefax dem Germanicus leichter erklären, wie Vater, Mutter, Schwestern, Brüder und Onkel der Familien heißen. Dabei benutzt er immer wieder den Genitiv. Unterstreiche bei den folgenden Angaben alle Genitive und übersetze dann ins Heft!

1. Gaius Marcius est nomen fratris mei; Marcia est nomen sororis.
2. Nam Marcius est nomen gentis patris mei; Marcia est nomen feminarum gentis patris.
3. Scribonius est nomen gentis matris meae; Scribonia est nomen mulierum gentis Scriboniorum.

Wenn du einmal ein lateinisches Lexikon aufschlägst, wirst du außer der Übersetzung immer drei weitere Angaben zu jedem Substantiv finden. Sie sind notwendig, damit man alle Formen des Substantivs bilden kann.
Um Platz zu sparen, kürzt man im Wörterbuch ab und läßt den Wortstock weg, soweit er selbstverständlich ist. Wir schreiben hier zum besseren Verständnis einmal alle Angaben ausführlich auf:

(1) Nom. Sg.	(2) Gen. Sg.	(3) Genus	(4) Bedeutungen
puer	(pu)eri	m	Junge
mulier	(muli)eris	f	Frau
nomen	(nom)inis	n	Name
corpus	(corp)oris	n	Körper

Gewöhne dir an, die Vokabeln ebenso vollständig aufzuschreiben und sprich sie beim Lernen laut vor dich hin: So kommen die Vokabeln am sichersten in dein Gedächtnis.

V 2: Lerne Genitiv und Genus mit!
V 11: Bau dir ein „Vokabel-Trimm-dich-Gerät".

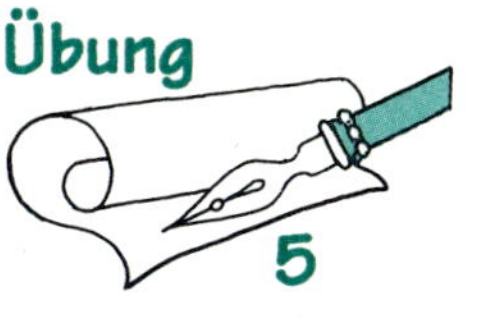

Lege für die hier im Akkusativ angegebenen Substantive ein solches Vokabelverzeichnis oder Vokabelkärtchen an:

patrem, templum, virum, corpus, consulem, matrem.

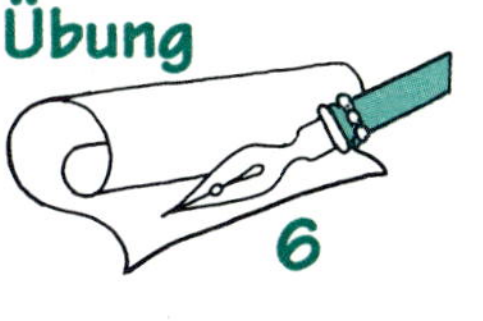

So, und nun wieder ein Konzentrationstraining:
Vertausche Genitiv Singular und Genitiv Plural und übersetze die gefundene Form.

1. consulum, 2. avi, 3. aviarum, 4. virorum, 5. sororum, 6. fratris.

Beispiel:
1. consulum → consulis: des Konsuls

Übungsinhalt 2 **o-Deklination: Maskulina auf -er**

Liberi Livii in bibliotheca sunt.
Die Kinder des Livius sind in der Bibliothek.

Voraussetzung Genitiv der a- und o-Deklination, a- und e-Konjugation

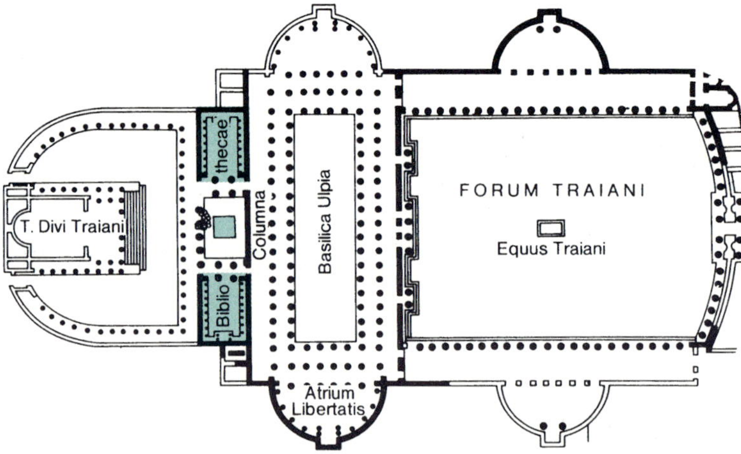

Übung 7

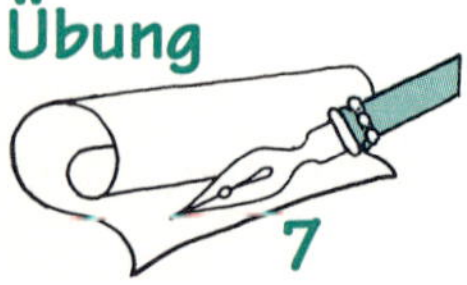

Die folgende Geschichte spielt auf der prächtigen Marktplatzanlage des Kaisers Trajan[1], an der berühmten Trajanssäule (***columna***). Im Grundriss kannst du die beiden Bibliotheken (***bibliothecae***) erkennen. Eine der beiden ist Schauplatz eines Missverständnisses, das du mittels zweier Schlüsselwörter aufklären kannst: Suche die beiden Schlüsselwörter des Textes und übersetze dann!

Text

Ein komisches Missverständnis auf dem Trajansforum[1]

1. Lucius et Alexander per Traiani Forum ad columnam pulchram ambulant.
2. Ibi amicos exspectant, sed diu frustra exspectant.
3. Tum pueri magistrum ante bibliothecam Graecam vident.
4. Magistrum salutant et interrogant: „Quaeritamus[2] Livii[3] liberos; suntne in bibliotheca?“
5. Magister: „Livii libri non hic in bibliotheca Graeca sunt.“
6. Ad sinistram bibliothecarum monstrat: „Ibi in bibliotheca Latina sunt. Bibliothecae minister locum librorum libenter monstrat!“
7. Pueri in bibliothecam Latinam intrant et ministrum interrogant: „Quaeritamus Livii liberos. Ubi sunt?“
8. Vir ad dextram monstrat: „Ibi in repositorio[4] iacent.“
9. Pueri stupent, tum rident: „Non Livii libros, sed liberos, amicos nostros, quaeritamus.
10. Liberi Livii libenter Livii libros legunt[5], sed liberi non sunt libri, non in librorum repositorio iacent!“ (107 Wörter)

1 *Traianus*: Kaiser Trajan (98–117 n. Chr.) • 2 *quaeritamus*: wir suchen dringend • 3 *Livius*: römischer Familienname; berühmter Geschichtsschreiber (59 v.–17 n. Chr.). • 4 *in repositorio*: im Regal • 5 *legunt*: sie lesen

6 *delirat*: Der spinnt, ... !

Sicher ist dir aufgefallen, welches die Schlüsselwörter des Textes sind:

libri: die Bücher

liberi: die Kinder, die Freien.

Beide Nomina gehören zur o-Deklination, sind **Masculinum**, enden aber im Nom. Sg. nicht auf ***-us***, sondern auf *-er*.

Bei solchen Wörtern ist wichtig zu wissen, ob der Vokal *-e-* erhalten bleibt, dafür gibt es leider keine Regel, das musst du von nun an bei den Vokabeln mitlernen, ...

bei den Substantiven z. B.:

*liber, lib**ri***, m, Buch
puer, pueri, m, Junge, Kind

und bei den Adjektiven:

liber, libera, liberum, frei
*pulcher, pulch**ra**, pulch**rum***, schön

> Ist doch klar:
> Kinder brauchen mehr Platz als Bücher,
> also haben Kinder ein -e- mehr!

Von dieser Form der o-Deklination kommen in unserer Geschichte 25 (!) Beispiele vor.

Übung 8

Suche diese Nomina heraus und schreibe sie untereinander in dein Heft, zunächst ohne Unterscheidung der Wortart.

Wenn du schon die **Adjektive der o-Deklination mit -er** im Maskulinum kennst, schreibe anschließend ein **S** neben alle Substantive, ein **A** neben alle Adjektive (Achtung: ein Wort kann beides sein!).

Lege dir dann Vokabelkärtchen für all diese Wörter an, wie sie auf S. 125 beschrieben sind. Lerne den Genitiv, damit du weißt, ob das -e- erhalten bleibt: *liberi* oder *libri*? Bewahre die Kärtchen auf. Du brauchst sie für Übung 10.

Tipps & Tricks S. 125

V 11: Vokabelkärtchen anlegen

Übung 9

Wenn du fit in den Genitivformen bist, hast du wohl bemerkt, dass eine Reihe **Genitivattribute** in dieser Geschichte versteckt sind, einige stehen vor, andere hinter ihrem Beziehungswort. Schreibe die Genitivattribute mit ihrem Beziehungswort in dein Heft und probiere, welche Übersetzung sich am besten anhört.

Zusatzübung für morgen.
Falls du (morgen) deine Konzentration noch mal ein bisschen trainieren willst: Decke die Übersetzungen zu; geh noch einmal ganz schnell die Reihe durch und unterstreiche dabei die **Genitivattribute im Sg.** mit einer einfachen Linie, **im Pl.** mit einer doppelten. (Achtung: nur die Genitivattribute, nicht das Beziehungswort!)

Voraussetzung

Substantive auf -er der konsonantischen Deklination

Und jetzt sind wieder die Fortgeschrittenen dran:
Wenn du von deinen Vokabeln nur den Nominativ kennst, ähneln sich die Substantive auf **-er** der o-Deklination und konsonantischen Deklination z. B. *magister* und *pater*, wie eineiige Zwillinge. Erst im **Genitiv** merkst du, dass sie **verschiedenen Deklinationen** angehören:

magister, magistr-i:	o-Dekl.
pater, patr-is:	kons. Dekl..

Übung 10

Bestimme die folgenden Formen. (Achte auf mehrdeutige!)

1. patris, 2. pueri, 3. matris, 4. fratres, 5. agri, 6. viri, 7. carceris

1. patris: Gen. Sg. → pater, patris, m: Vater

Hier ist also unbedingt nötig, den Genitiv Singular bei den Vokabeln mitzulernen, wenn du den Kasus erkennen willst.

V 2: Lerne Genitiv und Genus mit!

Lege dir wieder Vokabelkärtchen an, mische sie mit denen aus Übung 8 und . . .

V 18: Spiel mal wieder!

Adjektive der a-/o-Deklination

Voraussetzungen

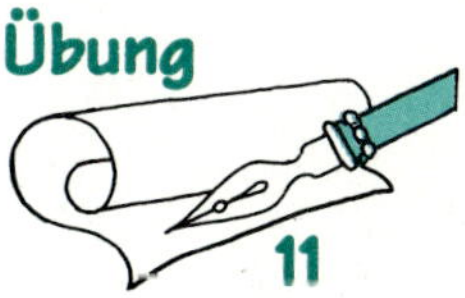

Welches Adjektiv kann als Attribut zu welchem Substantiv gehören? (Achtung: Manchmal passt ein Attribut zu mehreren Substantiven!)

Subst.: patri, magistri, patrum, magistrum, patrem, patres, patris, magistris.
Adj.: severi, severis, severo, severorum, severum, severos.

3. Dativ

B

Dativ der beteiligten Person

Übungsinhalt 1

Genio et Fortunae aram vovere
Dem Genius und der Fortuna einen Altar weihen

Substantive der a- und o-Deklination

Voraussetzung

Wenn Römer in Schwierigkeiten waren, beteten sie zu dem Gott, der für dieses Problem zuständig war, und versprachen ihm ein Geschenk, falls er helfen würde.
„Wem soll ich das Geschenk weihen?"
„Für wen soll ich einen Altar errichten?"
Das war dann die Frage! Es gab ja viele Götter. Wer ganz sicher gehen wollte, weihte die Gabe gleich mehreren Göttern.

Vor einer Lateinarbeit würde ein römischer Schüler vielleicht dem persönlichen Schutzgeist **(Genius)** und der Glücksgöttin **(Fortuna)** ein Geschenk versprechen.

Wenn die Arbeit gut ausgefallen ist, löst er das Versprechen ein:
Die Götter erhalten einen kleinen Altar mit Inschrift.

GENIO ET FORTUNAE ET ALIIS DEIS
ALEXANDER PISCATOR
LUCII FILIUS

Dem Genius, der Fortuna und den anderen Göttern
Alexander Fischer
Sohn des Lutz (Fischer)

Dem Gott für den Gott	Dat.
Der Stifter	Nom.
Des XY Sohn	Gen. + Nom.

In Alexanders Inschrift kommen mehrere Dativendungen vor. Kannst du sie schon?

Tabelle 8

	Dativ-Endungen	
	a-Dekl.	**o-Dekl.**
Sg. Pl.	-ae -is	-o -is

Und nun kannst du einmal selber Inschriften entwerfen! Dazu musst du wissen, welche Gottheit für welchen Bereich zuständig war. Lies die Beschreibung durch und wähle dann den richtigen Gott für das richtige Problem aus.

Römische Götter

Iuno, Iunonis (f): Göttin der Ehe, Gemahlin des Jupiter.

Iupiter Optimus Maximus, Iovis (!) Optimi Maximi (m): Götterkönig, Gott der Kaiser und des Staates, Gott des Himmels und des Blitzes.

Mars Ultor, Martis Ultoris (m): Gott des siegreichen Krieges (Ultor: Rächer).

Matronae, Matronarum (f): germanisch-keltische Göttinnen der Fruchtbarkeit und der Mütter (mater!).

Minerva, Minervae (f): Göttin der Wissenschaften, Künste und des Handwerks (griechisch Athena, Stadtgöttin von Athen).

Neptunus, Neptuni (m): Gott des Meeres.

Venus, Veneris (f): Göttin der Liebe und der Schönheit.

Virtus, Virtutis (f): Göttin der Tüchtigkeit, Tugend, Tapferkeit.

Schreibe jetzt in schönen Großbuchstaben eine Weiheinschrift **für** die Gottheit, die in der genannten schwierigen Situation helfen soll. Wenn du möchtest, kannst du auch ein Bild malen!

Übung

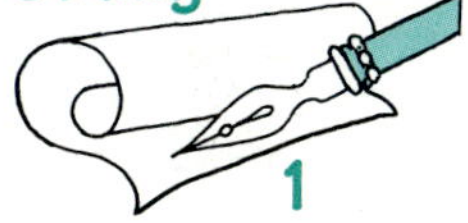

1. Publius Flavius Agricola, Sohn des Aulus Flavius Agricola, hat Angst vor einer Seereise.
2. Superinia, Frau des Sextus Paternus, wünscht sich viele Kinder. (Frau: coniux)
3. Septimus Scribonius Simplex, Sohn des Sextus Scribonius, geht zum Studium nach Athen.

Wenn du bisher nur die a- und o-Deklination kennst, hast du hier genug geübt. Springe weiter zum Thema „Wem gehört die Villa“ auf S. 43.

Substantive der konsonantisch/gemischten Deklination

Voraussetzung

In der Beschreibung der Götter hast du sicher einige Namen entdeckt, die nicht zur a-/o-Deklination gehören. Mit ihnen beschäftigen wir uns jetzt.

DEAE VIRTVTI
FATALIS NEG A LAETI
GRATI LIB V S L M

Hier siehst du einen Altar aus dem antiken Colonia. Er ist einer Gottheit geweiht, die besonders von den Soldaten verehrt wurde.

Übung 2

Ergänze die erste Zeile in der Übersetzung der Inschrift:

D E A E V I R T U T I

____

(hat diesen Altar errichtet)
FATALIS NEG(otiator) A(uli) LAETI GRATI LIB(ertus)
Fatalis, der Großhändler, Freigelassener des Aulus Laetus Gratus.
V(otum) S(olvit) L(ibens) M(erito)
Er hat das Gelübde gerne erfüllt, (die Göttin hatte es verdient).

Merk dir den Namen dieser Göttin. Das Wort *virtus* bedeutet Tüchtigkeit, Tapferkeit, Tugend (TTT!). Man könnte es fast für ein Maskulinum der o-Deklination halten, wenn man den Genitiv nicht wüsste: ***virtus, virtutis***, f.

Bei der konsonantisch/gemischten Deklination ist die Zusammensetzung von Wortstock + Endung im Nominativ oft nicht zu erkennen. Du musst den Genitiv mitlernen, um die anderen Kasus bilden zu können: ***nomen, nominis***, n.

Tabelle 9

	Dativ der kons./gem. Dekl.		
Sg. Pl.	nomin nomin	-i -ibus	dem Namen den Namen
	Stamm + Endung		

Übung 3

Einigen Göttern hast du noch keine Inschrift gewidmet. Hier sind noch zwei Möglichkeiten. Du kannst dir auch noch weitere ausdenken!

1. *Lucius Calidius Eroticus*, Sohn des Sextus, hat sich unsterblich verliebt und hofft, dass die Angebetete ihn erhört.
2. *Gaius Iulius Octavianus*, (Adoptiv-)Sohn des *Gaius Iulius Caesar*, will den Mord an seinem (Adoptiv-)Vater rächen.

Übung 4

Aber auch die Menschen sollen nicht leer ausgehen! Übersetze:

1. Sie bringen dem Kaiser[1] und den Konsuln Geschenke.
2. Er bringt Vater, Mutter, Schwestern und Brüdern ein Geschenk.

1 *Caesar Augustus, Caesaris Augusti*, m

Dativ des Besitzers bei *esse*

Übungsinhalt 2

Cui ***villa est?***
Wem **gehört die Villa?**

a- und o-Deklination

Voraussetzung

Der Dativ kommt im Lateinischen viel seltener vor als im Deutschen. Bei den Präpositionen z. B. entspricht dem deutschen Dativ der lateinische Ablativ. Das werden wir im nächsten Kapitel besprechen. Hier üben wir jetzt den **Dativ** in Verbindung **mit** ***esse***. Er bezeichnet dann den **Besitzer**.

Domino villa est.	1. wörtlich:	Dem Herrn „ist" eine Villa. (Hilfsübersetzung)
	2. besser:	Dem Herrn gehört eine Villa.
	3.	Der Herr hat eine Villa.

Übung 5

Übersetze jetzt einmal mit allen drei Möglichkeiten:

a) Dominae non villa, sed argentum est.
b) Servis neque villa neque argentum est.
c) Patrono multi servi sunt.
d) Marco et Alexandro (!) amici boni sunt.

B

4. Akkusativ und Ablativ

Übungsinhalt 1

Akkusativ der Richtung; Ablativ des Ortes und der Trennung; Lokativ

Quo vadis? Coloniam vado.
Wohin gehst du? Ich gehe nach Köln

Voraussetzung Substantive der a- und o-Deklination

Wir reisen jetzt einmal kreuz und quer im römischen Imperium umher, wenn auch nur auf der Landkarte! Kennst du dich eigentlich im römischen Germanien aus?? Die Karte rechts zeigt dir, dass viele deutsche Namen auf lateinische zurückgehen.

Übung 1

Suche die in der Liste angegebenen Städte und Flüsse auf der Karte und trage die deutschen Städte- und Flüssenamen als „Übersetzung" ein (zu „Land" vgl. S. 46).

„Stadt, Land, Fluss" – lateinisch

Stadt

NOVAESIUM Neuss

COLONIA (AGRIPPINA) Köln

AQUAE (GRANNI) Aachen

BONNA Bonn

CONFLUENTES Koblenz

MOGONTIACUM Mainz

(AUGUSTA) TREVERORUM Trier

BORBETOMAGUS Worms

(CASTRA) REGINA Regensburg

AUGUSTA (VINDELICORUM) Augsburg

CAMBODUNUM Kempten

Fluss

MOSELLA Mosel

RHENUS Rhein

MOENUS Main

NICER Neckar

DANUVIUS Donau

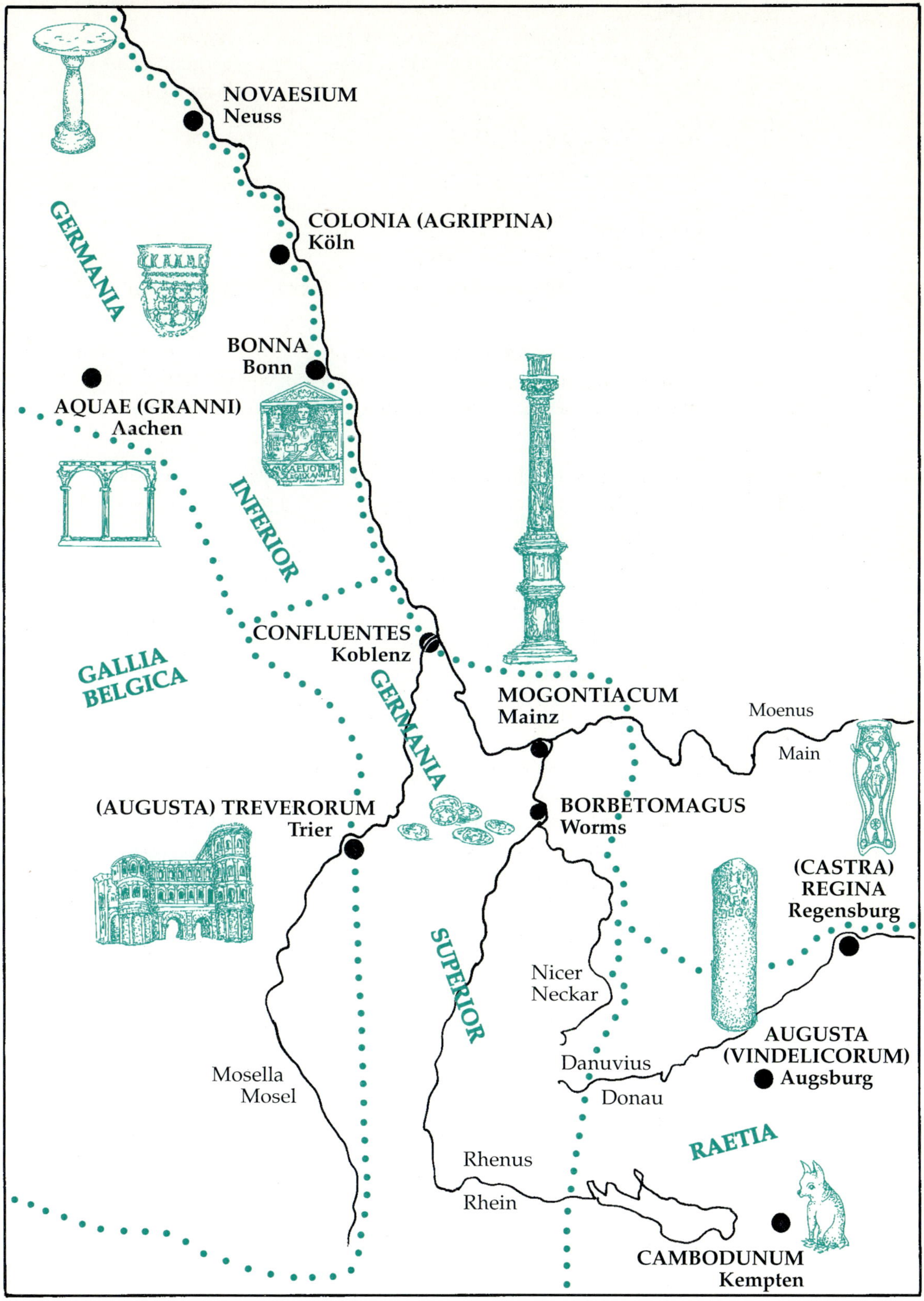
NOVAESIUM
Neuss
COLONIA (AGRIPPINA)
Köln
GERMANIA
BONNA
Bonn
AQUAE (GRANNI)
Aachen
INFERIOR
CONFLUENTES
Koblenz
GALLIA
BELGICA
GERMANIA
MOGONTIACUM
Mainz
Moenus
Main
BORBETOMAGUS
Worms
(AUGUSTA) TREVERORUM
Trier
(CASTRA)
REGINA
Regensburg
SUPERIOR
Nicer
Neckar
AUGUSTA
(VINDELICORUM)
Augsburg
Danuvius
Donau
Mosella
Mosel
RAETIA
Rhenus
Rhein
CAMBODUNUM
Kempten

Land

GERMANIA INFERIOR: Niedergermanien *GERMANIA SUPERIOR:* Obergermanien *RAETIA:* Rätien	die drei germanischen Provinzen

Die Reise nach Colonia

Eingestiegen!! Wir reisen

von Italien — **nach** Germanien.
ab *Itali**a*** — ***in*** *Germani**am***.

Aber dazu brauchen wir erst eine kleine Gebrauchsanweisung:

Bei Ortsangaben steht auf die Frage
Woher? der **Ablativ** der Trennung: *ab Italia:* von Italien
Wohin? der **Akkusativ** der Richtung: *in Germaniam:* nach Germanien.

Das wäre die Grundregel! Und schon geht´s weiter: Wir kommen

in die Provinz, — **nach** Germanien, — **nach** Köln.
in *provinci**am***, — ***in*** *Germani**am***, — *Coloni**am***.

Bemerkst du im Lateinischen den kleinen Unterschied?
Im Lateinischen steht bei der allgemeinen Angabe und beim Ländernamen eine Präposition: „**in** Germani**am**", beim Namen der Stadt steht keine Präposition: „Coloni**am**".
Das fassen wir wieder in eine Regel:

a) Bei **allgemeinen Ortsangaben**, bei **Namen von Ländern** und **großen Inseln** steht eine **Präposition**, nämlich *in, ab, ex*:
in Germaniam: **nach** Germanien; ***e*** *Germania:* **aus** Germanien.
b) Bei **Namen von Städten** und **kleinen Inseln** steht **keine Präposition**:
Romam: **nach** Rom, *Roma:* **von** Rom, **aus** Rom.

Jetzt machen wir eine Rätselreise in zehn deutsche Städte mit römischem Ursprung. Ob du alle Städte errätst? Mit Hilfe der Karte bestimmt!

Trage auf Deutsch und Lateinisch ein, wohin wir reisen. Die Sehenswürdigkeiten aus römischer Zeit, die du auf der Karte findest, helfen dir.

(1) Wir reisen nach Köln – Coloniam
und entdecken das berühmte dreifarbige, kunstvoll geschliffene Glas.

(2) Wir reisen Nach Bonn – Bonnam
und entdecken den Grabstein des Offiziers *Marcus Caelius*, der in der berühmten *Varus*-Schlacht dabei war (9 n. Chr.).

(3) Wir reisen ~~Nach Neuss – Novaesium~~ nach Koblenz – Confluentes ... Mainz
und entdecken eine Jupitersäule mit einem Reiter als Bekrönung.

(4) Wir reisen nach Aachen – Aquensem ... Aquas
und entdecken die Bögen eines Säulenganges.

(5) Wir reisen nach Trier – (Treverorum ...)
und sehen die Porta Nigra, ein Torgebäude der römischen Stadtmauer.

(6) Wir reisen nach Neuss – Novaesium
und entdecken einen Steintisch für unsere römische Mahlzeit.

(7) Wir reisen nach Augsburg – Augustam (Vindel.)
und finden einen Meilenstein.

(8) Wir reisen nach Regensburg – Castra Reginam
und entdecken eine Beinschiene von der Paraderüstung des Soldaten *Avitianus*.

(9) Wir reisen nach Kempten – Cambodunum
und entdecken ein Hündchen aus Ton.

Du kannst diese Reise jetzt selber fortsetzen. Suche doch auch einmal in der Umgebung deines Heimatortes nach römischen Spuren und Namen oder frage deinen Lehrer oder deine Eltern danach. Das wäre auch ein Quiz für die ganze Klasse! Viel Spaß bei der römischen Reise!

Übung 3

Woher? Wohin?

In der Poststation von Colonia herrscht Hochbetrieb: Didius, der Statthalter der Provinz Niedergermanien (***Germania inferior, Germaniae inferioris***, f), fährt mit großem Gefolge in die Provinz Rätien (***Raetia, ae***, f). Sein germanischer Diener, der von den Römern *Iterfix* genannt wird, holt die Landkarte, in der alle Poststationen eingezeichnet sind, und legt die Reiseroute fest. *Iterfix* hat es als Germane nicht leicht, den Weg lateinisch aufzuschreiben. Vorsichtshalber sieht er sich vorher die Regeln vorne (S. 46) noch einmal an. Schreibe für *Iterfix* die lateinische Ortsangabe auf:

Reiseroute **von** (Abl. d. Trennung)	**nach** (Akk. d. Richtung)
von Köln Colonia	nach Bonn Bonnam
von Bonn Bonna	nach Mainz Mogontiacum
von Mainz Mogontiaco	nach Worms Borbetomagum
von Worms Borbetomago	nach Regensburg Castra Regina

Dabei wird die Provinzgrenze überschritten. Man kommt

von Germanien (!) ab Germania

nach Rätien (!) in Raetiam

von Regensburg ab Castris Reginis

nach Augsburg in Augustam V.

Als Iterfix gerade mit dem Schreiben fertig ist, kommt der Statthalter selbst, um mitzuteilen, wo er sich längere Zeit aufhalten will, er sagt: „Bonnae“.

Iterfix wundert sich, aber dann fallen ihm die lateinischen Regeln wieder ein:

Bei Ortsangaben steht auf die Frage

Wo? Lokativ

bei **Namen von Städten** und **kleinen Inseln** der **a-/o-Deklination im Sg.**: *Romae:* in Rom (ohne Präposition!).
Der Lokativ sieht aus wie ein Genitiv!

Wo? Ablativ des Ortes

bei **allen anderen Namen** von **Städten** und **kleinen Inseln ohne Präposition:** *Athenis:* in Athen;

bei **Ländern, großen Inseln** und **allgemeinen Angaben mit Präposition:** *in Britannia:* in Britannien.

Übung 4

Kannst du lateinisch aufschreiben, wo Didius sich aufhält?

(1 Tag) in Bonn Bonnae

(1 Tag) in Mainz Mogontiae Mogontiaci

(1 Tag) in Worms Borbetomagiae

(1 Tag) in Regensburg (!) Castra Reginae Castris Reginis

(1 Tag) in Augsburg Augustae (Vindelicorum) V

Nun steht der Reise des Statthalters nichts mehr im Weg. Er kann sich in den Schlafwagen setzen und losfahren.

Die Präpositionen und ihre Kasus; Ablativ mit/ohne Präposition

Praepositiones
Die vor-gestellten (Wörter)

Es ist viel mehr aus dem Lateinischen in unserer deutschen Sprache erhalten geblieben als nur ein paar Städtenamen. Wenn du einmal ein Fremdwörterlexikon aufschlägst, wirst du feststellen, dass in vielen Fremdwörtern, die lateinischen Ursprung haben, eine Präposition voran-gestellt, vor-gestellt ist. Du wirst überrascht sein, wie viele Präpositionen du schon kennst, oft sogar aus deiner Alltagssprache. Probiere es einmal aus. Das kann dir nämlich eine große Hilfe beim Vokabellernen sein.

Halte bei den folgenden Fremdwörtern die rechte Spalte mit der Übersetzung der Präposition zu und versuche, ihre Bedeutung zu erschließen. So werden sich die Präpositionen schneller in deinem Gedächtnis festsetzen.

Fremdwort und Bedeutung	**lat. Präp.**	**Übersetzung**
addieren: hinzu-fügen	***ad***	zu, hin, an, bei
ante Christum natum: vor Christi Geburt	***ante***	vor
contra: pro und contra diskutieren (= das Für und Wider)	***contra***	gegen
Internationale Beziehungen: Beziehungen zwischen den Nationen (Völkern)	***inter***	zwischen, unter
per pedes gehen: „durch“ die Füße, zu Fuß	***per***	durch
post Christum natum: nach Christi Geburt	***post***	nach, hinter
Praeteritum: das Vorübergegangene/ Vergangene	***praeter***	vorüber, an … vorbei, außer
super: über alle Maßen (gut)	***super***	über, über … hinaus
Transport: Überführung	***trans***	über, jenseits
abstrakt: abgelöst vom Gegenständlichen	***ab (a)***	von, von … her
Con (= Kon)tinent: das Zusammenhängende	***con = cum***	zusammen … mit
demaskieren: die Maske (vom Gesicht) herabreißen	***de***	von … herab, über
exportieren: ausführen	***ex (e)***	aus
prähistorisch: vorgeschichtlich	***prae***	vor

Pronomen: Fürwort	*pro*	für, vor, anstatt
inhalieren: einatmen	*in*	in ... hinein, nach ... hin, gegen (Wohin?); in, an, auf, bei (Wo?)
Subjunktion: unterordnendes Bindewort	*sub*	unter

Die Präpositionen erfordern

im Deutschen den **Akkusativ**, **Genitiv** oder **Dativ** eines Nomens,
im Lateinischen nur **Akkusativ** oder **Ablativ**.

Hier ist das Lateinische glücklicherweise leichter als das Deutsche!

In einigen Fällen entspricht dem deutschen präpositionalen Ausdruck im Lateinischen der **bloße Ablativ**:

mit/von Rudern bewegt: *remis agitatus*

Das sehen wir uns jetzt einmal genauer an:

Das Schiff wird

von den Matrosen:	***a nautis***	– Abl. des Urhebers
von (mit) Rudern:	***remis***	– Abl. des Mittels
von der Insel:	***ab insula***	– Abl. der Trennung

wegbewegt.

Tabelle 10

Bedeutungen des Ablativs	Frage:
Das Getreide wird **von einer Mühle** gemahlen. Ablativ des **Mittels: instrumentalis** → **ohne** Präp., bei Gegenständen	**Womit?** **Wodurch?** **Wovon?**
Das Buch ist **von einem großen Dichter** geschrieben. Ablativ des **Urhebers: auctoris** → **mit** Präp. *a/ab*, bei Personen	**Von wem?**
Er lebt **getrennt von** seinen Freunden. Ablativ der **Trennung: separationis** → **ohne** Präp. oder mit *a/ab, ex, de*	**Von wo?** **Woher?** **Von wem?**

Regel

Ablativus instrumentalis und Ablativus auctoris kommen besonders häufig mit dem Passiv zusammen vor:

Ablativus instrumentalis bei **Dingen** (auch Tieren!) (**ohne** Präp.)
Ablativus auctoris nur bei **Personen** (**mit** Präp. *a/ab*).

Beim Passiv stell dir vor
Instrument und Autor!

Übungen dazu findest du im Kapitel C (ab S. 84). Jetzt nur noch eine Frage:

Übung 5

Überlege einmal, welche Bedeutung der Ablativ bei folgenden Verben hat!

befreien (von)	*liberare*	separationis
trennen (von)	*separare*	separationis
(her)kommen (von)	*venire*	separationis
fernhalten (von), hindern (an)	*prohibere*	~~auctoris~~ separationis
abwehren (von), fernhalten (von)	*arcere*	separationis

Übung 6

Sieh dir einmal das Bilderrätsel zur Piratengeschichte auf S. 77 an. Bei welchen Wörtern müsstest du, wenn sie im Text im Ablativ dastehen würden, einen Ablativ des Mittels, bei welchen einen Ablativ des Urhebers suchen? Notiere die Beispiele im Singular und Plural:

a praefecto/a praefectis: vom Kapitän/von den Kapitänen (Abl. auct.)

Übungsinhalt 3 **Ablativ und Akkusativ nach Präpositionen**

***In pistrino* Eurysacis muli machinas torquent.**
In der Bäckerei des Eurysaces drehen Maultiere die Maschinen.

Voraussetzung Konsonantisch/gemischte Deklination, 3. Pers. Präsens Aktiv und Passiv der a-, e- Konjugation

Und jetzt kommen viele der genannten Präpositionen in einer interessanten Geschichte vor.
Diese Bildergeschichte ist fast 2000 Jahre alt! Der Bäckerei- und Mühlenbesitzer Eurysaces ließ sie in sein Grabmal meißeln, um sich und sein Gewerbe zu verewigen.

Übung 7

Das Super-Bilderrätsel!
Sieh dir die Bilder vom Brotbacken einmal genau an und probiere aus, wie viele Bedeutungen du aus dem Zusammenhang von Bild und Wort erschließen kannst.
Schreibe die Wörter auf Vokabelkärtchen.

Tipps & Tricks S. 127

V 17–18: Mal mal wieder!

Übung 8

So, und nun übersetze den Text ins Heft. Du wirst sehen, nach dem Bilderraten geht das leichter, als du vorher gedacht hast.

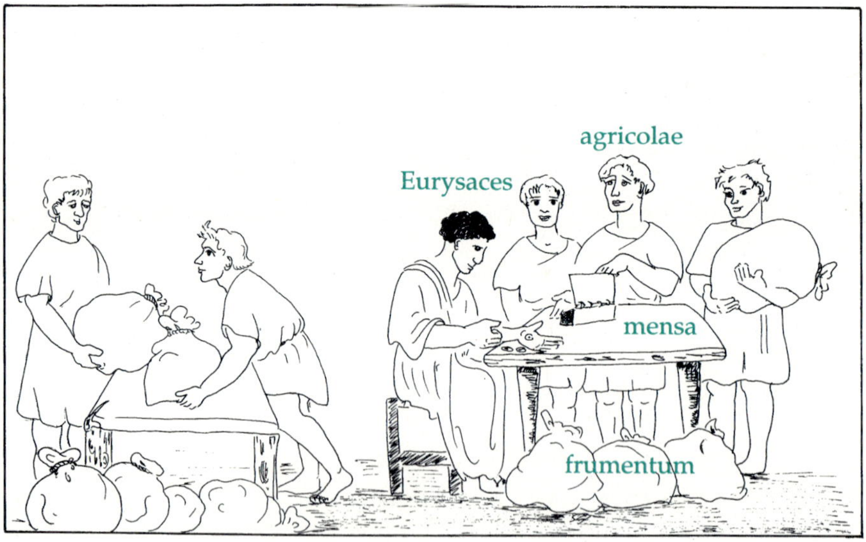

1. Eurysaces in pistrino[1] ad mensam sedet et agricolis frumentum pendit[2].

1 *pistrinum, i, n*: Bäckerei, Mühle • 2 *pendit*: er wiegt, bezahlt

2. Frumentum mola molitur[3].

3. In pistrino Eurysacis mola non a servis, sed mulo torquetur[4]. Mulus a servo incitatur.

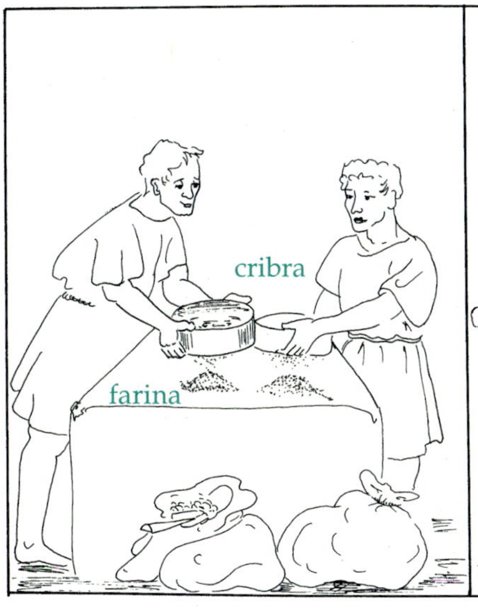

4. Servi farinam per cribra dant[5].

5. Inter servos Eurysaces stat: Salem e sacco eximit[6] et servo dat. Servus salem cum farina miscet et aquam ad farinam dat.

3 *mólitur*: (es) wird gemahlen • 4 *torquere*: drehen • 5 *dant*: sie geben, hier: sieben • 6 *eximit*: er nimmt heraus

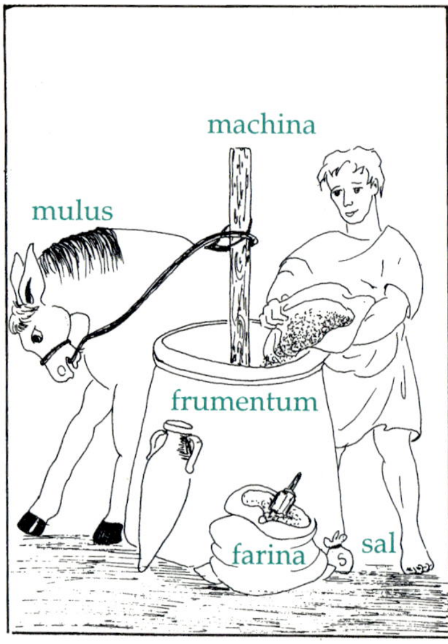

6. Farina, aqua salque machina miscentur[7], mulus machinam torquet[4].

7. Mixtum[8] in mensa iacet et a servis in panes subigitur[9].

8. Panes in formas rotundas[10] transformantur.

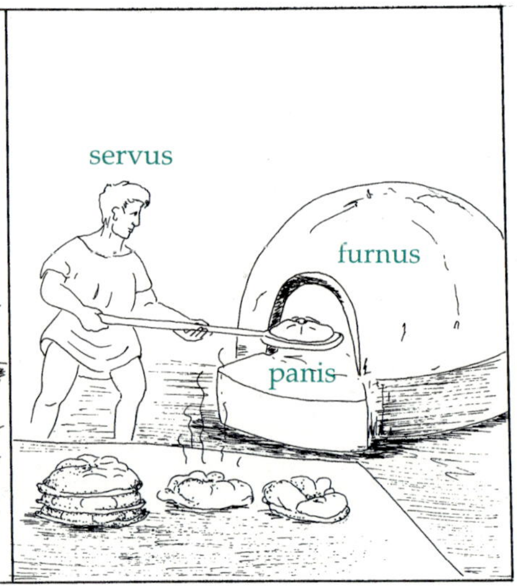

9. Servus ante furnum stat et panem in furnum dat. In furno panes torrentur[11], tosti[12] e furno extrahuntur[13].

10. Ita monumentum Eurysacis de pane Romano narrat. (100 Wörter)

7 *miscere*: mischen • 8 *mixtum, i, n*: das Gemischte, hier: Teig • 9 *subigitur*: (es) wird geknetet • 10 *rotundus, a, um*: rund • 11 *torrentur*: sie werden gebacken; torrere, torrui, tostum: dörren, backen, „toasten" • 12 *tostus*: geröstet, gebacken („Toast"!) • 13 *extrahuntur*: sie werden herausgezogen

Ob du es glaubst oder nicht: In dieser Geschichte sind insgesamt vierundzwanzig (24!) **Präpositionen** versteckt! Die meisten davon sind leicht zu finden; du kannst auch erkennen, ob sie im Lateinischen mit Akk. oder mit Abl. stehen.

Übung 9

Schreibe alle **Präpositionen**, die ein **Substantiv** bei sich haben, heraus und bestimme den Kasus. Es sind insgesamt 19.

Übersetze den Ausdruck und hebe die Präpositionen mit Ablativ hervor.

Satz	Präp. + Subst.	Kasus	Übersetzung
(1)	**in pistrino**	**Abl.**	in der Bäckerei
(3)			
(4)			
(5)			
(7)			
(8)			
(9)			
(10)			

Übung 10

Einige **Präpositionen** sind aber auch als **Vorsilben in Verben** versteckt. Suche diese nun heraus und trenne die Präposition ab.
Unterstreiche die Präposition im Lateinischen und im Deutschen und übersetze dann!

Satz	Präp. in Verben	Übersetzung
(3)	in-citatur	(es) wird an-getrieben
(5)		
(7)		
(8)		
(9)		

Regel

Die meisten Präpositionen stehen im Lateinischen mit dem Akkusativ.

Deshalb ist es leichter, sich die **Präpositionen** zu merken, die **mit dem Ablativ** stehen. Erfreulicherweise gibt es dafür sogar einen Spruch als Eselsbrücke. Lerne ihn auswendig, dann weißt du immer, mit welchem Kasus eine lateinische Präposition steht:

Regel

á, ab, é, ex, dé,
cúm, und ***sine, pró*** und ***práe***
steh'n mit dem Ablativ.

Den Kasus, den die Präposition erfordert, kannst du meist nicht durch Fragen finden, wie du es oben beim Subjekt und Objekt oder bei den Ortsangaben gelernt hast. In der Regel ist der Kasus allein von der Präposition abhängig, z. B. *a/ab* + Abl., *ad* + Akk.

Es gibt allerdings zwei Präpositionen, bei denen der Kontext den Kasus bestimmt und bei denen du wieder fragen musst:

Regel

Die Präpositionen ***in*** und ***sub*** können mit Akk. oder Abl. stehen:

Akkusativ auf die Frage **Wohin?**
Ablativ auf die Frage **Wo?**

Wohin?

Wo?

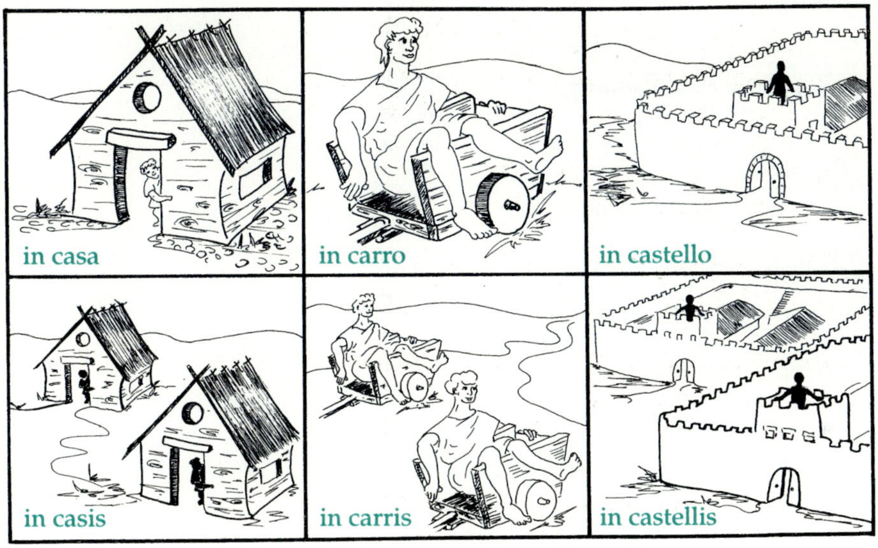

Übung 11

Bei Mars und Minerva, in den folgenden Sätzen fehlt ja die Hälfte der Information! Ergänze die passenden Substantive und übersetze!

agris, agros, amico, corpus, laborem, matre, piratas, serva, villa.

1. Avia in villa ______________ sedet.
2. Cena a ______________ paratur.
3. Servi ad ______________ incitantur.
4. Filii per ______________ currunt.
5. Filia cum ______________ ambulat.

6. Liberi a ______________________ vocantur.

7. Filii ex ______________________ non veniunt.

8. Nauta contra ______________________ pugnat.

9. Pilum per ______________________ penetrat (dringt durch).

Wie war's? Konntest du alle Lücken richtig ausfüllen? Dann könnten wir jetzt mal wieder ein Spielchen spielen:

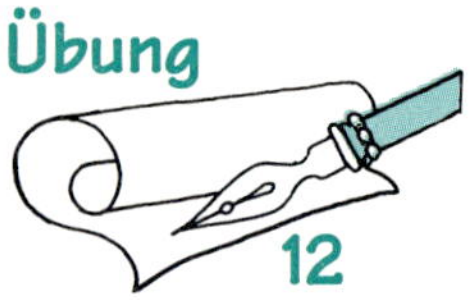

Satz-Puzzle

Besorge dir 32 Karteikärtchen. Dann zerlegst du die Sätze und schreibst jedes Wort auf ein Kärtchen: auf das erste also „***avia***", aufs zweite „***in***", aufs dritte „***villa***", aufs vierte „***sedet***" usw. Zum Schluss wird kräftig gemixt – und neu zusammengebaut. Du wirst schnell merken, dass das Puzzle schwieriger wird, weil du auch das Subjekt erkennen musst.
Am meisten Spaß macht das Spiel zu mehreren:

V 18: Spiel mal wieder!

Voraussetzung 1. Pers. Sg. Präsens Aktiv der a- und e-Konjugation

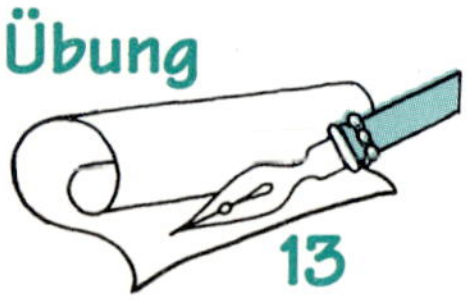

Oh! Ein o-Rätsel!

Die folgenden Wörter mit **-o** sehen sich zum Verwechseln ähnlich!
Und doch stammen sie aus zwei ganz verschiedenen Familien, nämlich aus der Familie „Substantive" und aus der Familie „Verben".
Und dann gibt es in der Reihe noch ein Findelkind!
Wenn du die Wörter übersetzt (bitte alle Möglichkeiten!), wirst du sicher erkennen, welche zur Familie „S.", welche zur Familie „V." gehören und welches das Findelkind ist, das zu keiner der beiden Familien gehört.

horto, porto, agito, subito, mulo, muro, monstro, templo, terreo, libro, libero (!).

e- und u- Deklination in allen Kasus

Übungsinhalt 4

De re **publica**, *senatu* **populoque Romano**
Von Staat, Senat und römischem Volk

a-, o-Deklination: alle Kasus

Voraussetzung

Bisher haben wir die e- und u-Deklination ausgeklammert. Jetzt wollen wir aber auch diese Wörter ein wenig üben.

Schlage zunächst noch einmal deine Grammatik oder dein Lateinbuch auf und suche dir die Tabelle mit der e-Deklination. Wiederhole sie gründlich, denn diese Formen brauchst du jetzt für die folgenden kniffligen Übungen.

V 7: Lerne immer laut!
G 3: Mach dir ein Paukposter!

Stunden und Tage

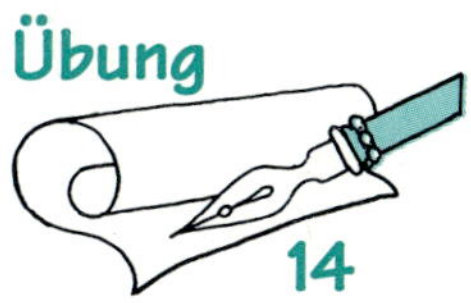

Je eine Form von ***hora*** (a-Dekl.) und eine von ***dies*** (e-Dekl.) entsprechen sich in Fall und Zahl und ergeben so ein Paar, das man mit *-que* verbinden kann. Stelle die Paare in deinem Heft nebeneinander, stelle die Sinnfrage und übersetze.

Beispiel: *horarum dierumque – der Stunden und Tage*

horarum, horis, horam, horae, horae, horas, hora, hora.
die, diebus, diei, diem, dierum, dies, dies, dies.

Unser Freund Germanicus hat wieder mal die lateinischen Wörter vergessen und sagt immer, wenn ihm etwas nicht einfällt, einfach: „das Dingsda".

Mach es ihm einmal nach und ersetze die Vokabeln immer durch ***„res"***. Bestimme auch jeweils die Form.
(Achtung! Manchmal sind 2, einmal sogar 3 Formen möglich!)

in villa *in re (Abl. Sg.)*	templum ______
hortum ______	agri ______
agros ______	horto ______
villis ______	villae ______

Voraussetzung konsonantisch/gemischte Deklination

Achtung:
Viele Formen der e-Deklination ähneln der konsonantisch/gemischten Deklination, einige Formen ähneln der o-Deklination.

Übung 16

Schreibe die Formen der konsonantisch/gemischten Deklination neben die Tabelle der e- und o-Deklination und unterstreiche die Unterschiede.
Nimm als Beispiel: ***homo, hominis***, m, kons. Dekl., ***vir, viri***, m, o-Dekl.

Wenn du nicht ganz sicher bist, schlag die Formen noch mal in deiner Grammatik oder im Schulbuch nach.

		e-Dekl.	kons. Dekl.	o-Dekl.
Sg.	Nom.	res	homo	vir
	Gen.	rei		
	Dat.	rei		
	Akk.	rem		
	Abl.	re		
Pl.	Nom.	res		
	Gen.	rerum		
	Dat.	rebus		
	Akk.	res		
	Abl.	rebus		

Voraussetzung u-Deklination und o-Deklination

Die u-Deklination führt uns manchmal ganz schön an der Nase herum, denn sie tut in vielen Fällen so, als sei sie die o-Deklination.

Übung 17

Schreibe in der nun folgenden Tabelle neben die Formen der u-Dekl. die entsprechenden Formen von ***carrus, i***, m und ***consilium, -i***, n.

Hebe die Unterschiede wieder hervor.

		u-Dekl./m	o-Dekl./m	u-Dekl./n	o-Dekl./n
Sg.	Nom.	casus	carrus	cornu	consilium
	Gen.	casus		cornus	
	Dat.	casui		cornu(i)	
	Akk.	casum		cornu	
	Abl.	casu		cornu	
Pl.	Nom.	casus		cornua	
	Gen.	casuum		cornuum	
	Dat.	casibus		cornibus	
	Akk.	casus		cornua	
	Abl.	casibus		cornibus	

Wie wär's jetzt mit einigen Übungen, in denen alle Deklinationen vorkommen?

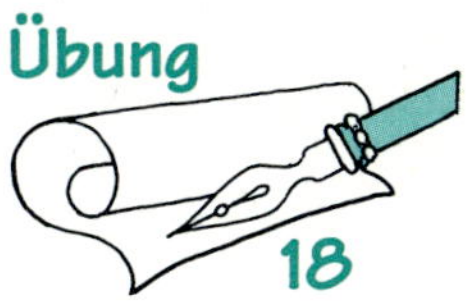

Ah! Ein a-Rätsel!
ama, fora, pugna, genera, templa, serva, cornua, contra, corpora, voca.

Die genannten Wörter auf -a könnte man glatt wieder verwechseln. Aber sie gehören in zwei verschiedene „Familien“: Familie „V.“ ist kleiner, Familie „S.“ ist größer. Dazwischen gibt es aber einen „Single“. So, jetzt versuche dich einmal in „Familienzusammenführung“ und pass gut auf: Zwei Wörter passen in beide Familien!

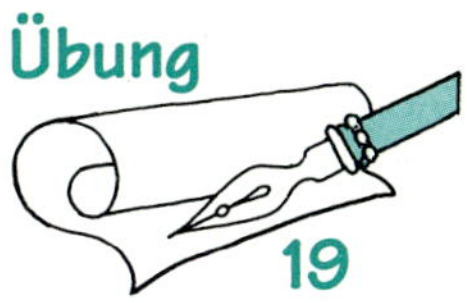

Selbst der beste Lateiner und die beste Lateinerin erkennen nicht gleich, in welchen Zusammenhang die folgenden Wörter gehören können:

testes, spes, fide, fratribus, corpore, re, gentes, fides, die, matre, imperatorem.

Wir stellen jetzt einmal eine **Checkliste** auf, mit der du für jedes Wort den richtigen Platz im Satz finden kannst:

a) **Vokabeln überprüfen!** (In Zweifelsfällen im Lexikon nachsehen. Wenn du häufig Zweifel hast, Vokabeln wiederholen!!)
Lege dir Vokabelkärtchen für die genannten Wörter an und lerne sie vollständig, d. h. mit Genitiv, Genus, Deklination.

b) **Sinnfrage Nr. 1 stellen**: Welches Wort passt auf die Frage **„Wer?/Was?“**? Schreibe die Wörter untereinander als Päckchen **„Nom.–Subjekt“**!

c) **Sinnfrage Nr. 2 stellen**: Welches Wort passt auf die Frage **„Wen?/Was?"**? Schreibe diese Wörter in ein Päckchen **„Akk. Obj."** untereinander!

d) Seltener kommt die **Frage Nr. 3 „Wem?"** nach dem **Dat. Obj.** vor. Durch die Frage **„Wem?"** kannst du eine Verwechslung mit dem (viel häufigeren) Ablativ vermeiden.
Nun hast du schon das Gerüst des Satzes gebaut, damit bist du schon einmal vor Konstruktionsfehlern sicher!

e) Was nicht auf die Fragen Nr. 1 bis Nr. 3 antwortet, als **adverbiale Bestimmung vormerken**, vor allem die **Ablative und die Akkusative nach Präpositionen**. Den Sinnzusammenhang kannst du aus dem Kontext erschließen.
Schreibe diese Wörter als Päckchen **„Adv. Best."** untereinander.

f) Vermeide die Verwechslung von **Sg.** und **Pl.** Damit du gar nicht erst etwas Falsches denkst – oder gar hinschreibst, frage dich bei jedem Wort gleich: **„einer oder mehrere?"**
Markiere also jetzt in deiner Sammlung jedes Wort nach einem eigens ausgedachten System (z. B. Plural doppelt unterstreichen, eine römische Zwei II oder „Pl." dahinter schreiben!).

Nach dieser bombensicheren Vorbereitung brauchst du „nur" noch zu **übersetzen**, du wirst unter Garantie weniger (Flüchtigkeits-)Fehler machen!

Übung 20

Zum Abschluss der Substantivkapitel nun eine Übung für Schlaue – und solche, die es werden wollen. Dazu brauchst du wieder die Sinnfragen, um die lateinischen Kasus zu finden. Ergänze in der Tabelle unten den lateinischen Satz und übersetze dann beide Sätze ins Deutsche. So erhältst du einen Konstruktionsplan und kannst die folgenden Sätze genauso umbauen.

1. Der X	schenkt	dem Y	ein Z.
wer? Nom. Dominus	– (donat)	wem? Dat. servo	wen/was? Akk. argentum.

Der Y	freut sich	über das Z	des X.
wer? Nom. Servus		worüber? Abl.	wessen? Gen.

2. Domina servae tunicam dat.

3. Domini servis (!) dona dant.

4. Maritus uxori flores pulchros apportat.

5. Magister liberis libros donat.

6. Magistratus (!) populo panem et circenses parant.

7. Fratres sororibus pulchras res apportant.

5. Attribute

B

Adjektive der a-/o-Deklination als Attribute

Übungsinhalt 1

Mens divina universum immensum agitat.
Ein göttlicher Geist bewegt das unendliche All.

Substantive der a-, o- und konsonantisch/gemischten Deklination;
1.–3. Pers. Präsens Aktiv der a- und e-Konjugation

Voraussetzung

Hier sollst du einmal erfahren, wie es in einer römischen Schule zuging. Wir blenden uns mitten in eine Literaturstunde ein.
C. (= Gaius) Leo Grammaticus, der Sprachlehrer mit Namen *Gaius* „Löwe", bespricht mit seinen Schülern die ‚*Aeneis*', das berühmte Buch des Dichters *Vergil*. In der ‚*Aeneis*' beschreibt *P. Vergilius Maro* (70–19 v. Chr.) die Geschichte des römischen Stammvaters *Äneas*.
Das Thema der heutigen Stunde sind Vergils Vorstellungen vom Universum.

Lies und übersetze das Gespräch auf der nächsten Seite!

Übung 1

Text

Und Malefax bewegt doch sehr viel!

C. Leo Grammaticus: Vergilius docet: „Totum universum[1] magno ex animo natum[2] est." Poeta scribit[3]: „Mens[4] agitat molem[5]." … Quid significat[6] sententia[7]?

Lucius: Sententia significat: „Animus totum universum gubernat."

C. Leo: Optime[8]! … Sed nunc explicate[9]: Qualis[10] mens agitat molem?

Vera: Mens divina agitat molem.

C. Leo: Optime! Ita est: Mens dei agitat molem.

Marcus: Leges naturae gubernant universum.

C. Leo: Optime! … Sed nunc explicate: Qualem[10] molem agitat mens?

Lucius: Mens agitat molem magnam.

Marcus: Mens agitat molem terrae et stellarum[11].

C. Leo: Num mens parva agitat molem? … Malefax …?

Malefax *(passt nicht auf, will gerade Germanicus' Stuhl wegschieben)*: … molem immensam[12]!

C. Leo *(geduldig verbessernd)*: Mens parva agitat nihil, Malefax!

Vera: Errare humanum est: Parva Malefacis mens agitat molem horrendam[13]! *(Sie kichert. Da fällt Germanicus mit dem Stuhl um.)*

Malefax *(sichtlich zufrieden)*: Sic est! Agito molem horrendam. (105 Wörter)

1 *universum, i,* n: das All, Universum • 2 *natus, a, um*: geboren, entstanden • 3 *scribit*: er schreibt • 4 *mens, mentis*, f (gem. Dekl.): Geist, Verstand, Gesinnung • 5 *moles, molis*, f: Last, Masse, Riesenbau, „Mole" = Steindamm • 6 *significare*: bezeichnen, bedeuten • 7 *sententia, ae, f*: „Sentenz", (bedeutungsvoller) Satz; Meinung • 8 *optime*: sehr gut; bestens • 9 *explicare*: entfalten, erklären • 10 *qualis*: was für ein? wie beschaffen? (Fragewort) • 11 *stella, ae*, f: Stern • 12 *immensus, a, um*: unermesslich, unendlich, „immens" • 13 *horrendus, a, um*: schrecklich, schaudervoll, ehrwürdig, „horrend"

Immer wieder geht es in dieser Geschichte um die Frage, wie der Geist beschaffen ist, der das All bewegt; was für ein Geist die Welt bewegt.
Die Frage „Was für ein?", „Welcher?" ist dir schon inTeil A (S. 17) begegnet. Mit ihrer Hilfe findest du das

Attribut = Beifügung, nähere Bestimmung eines Nomens.

Du hast dort zwei Arten des Attributs kennen gelernt:
Genitivattribut und adjektivisches Attribut (siehe S. 17f.).

In diesem Kapitel soll es um die Adjektive als Attribut gehen.

Deswegen enthält der Text über den göttlichen Geist auch so viele Adjektive. Insgesamt sind es 13 Beispiele in unserer Geschichte Übung 1.

Hoffentlich weißt du noch, dass ein Adjektiv auch als **Prädikatsnomen** vorkommt. Hier sind es zwei Beispiele:

Irren ist **menschlich**.
*Errare est **humanum**.*

Das Universum ist … **unermesslich**.
*Universum est **immensum**.*

Viel häufiger aber kommt das **Adjektiv als Attribut** vor:

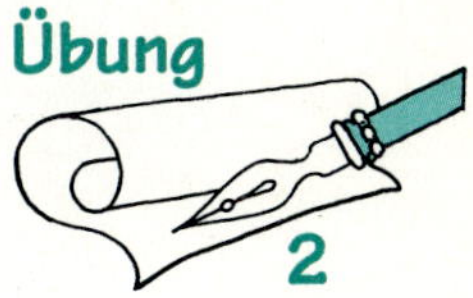

Schreibe aus dem oben stehenden Text die adjektivischen Attribute mit dem Substantiv ins Heft, wie du es in den ersten zwei Beispielen siehst, und bestimme Kasus, Numerus und Genus!

Zeile	Subst. + Adj. Attr.	Kasus, Numerus, Genus
1	totum universum	Nom. Sg. n
1	magno ex animo	Abl. Sg. m

Beim Herausschreiben hast du bemerkt, dass sich das Adjektiv, z. B. magnus, verändert:
Es richtet sich nach dem Beziehungswort, nach dem Substantiv, zu dem es gehört. Die Regel, nach der das geschieht, ist dir in der Schule und hier in „Lateinstart“ schon einmal begegnet (S. 10). Präge sie dir gut ein!

KNG – Kongruenz der Adjektive
Adjektive richten sich in
Kasus (Fall),
Numerus (Zahl), und
Genus (Geschlecht)
nach ihrem Beziehungswort.

Ebenso wichtig ist für die **Adjektive der a-/o-Deklination** die zweite Regel, die du dir am besten in Form einer „Wenn – dann“-Gleichung merkst:

Beziehungswort:	**Femininum f**	→	Adjektiv: **a**-Deklination
Beziehungswort:	**Maskulinum m/ Neutrum n**	→	Adjektiv: **o**-Deklination

Beachte: Die Deklinationsklassen von Beziehungswort und Attribut können verschieden sein.

Das wollen wir uns an zwei Beispielen klarmachen:

mater, matris, f ist ein **Femininum** der konsonantischen Deklination. Ein zugehöriges Adjektiv übernimmt **nur das Genus f, nicht** die konsonantische Deklination.

Es muss also heißen:
Mater bona: eine gute Mutter.

frater, fratris, m ist ein **Maskulinum** der konsonantischen Deklination. Ein zugehöriges Adjektiv übernimmt **nur das Genus m, nicht** die konsonantische Deklination.

Es muss also heißen:
Frater bonus: ein guter Bruder.

Genus geht vor!
mater bon**a**
frater bon**us**

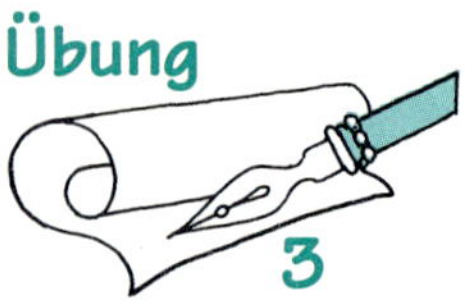

Wende die Regel jetzt einmal selber an (ohne in den Text zu sehen!):

Das Adjektiv ***magnus,a,um*** soll Attribut sein zu
1. genus, generis, n,
2. poeta, ae, m (!)

Die Deklinationstabelle der Adjektive findest du in deinem Lateinbuch oder in der Kurzgrammatik von Langenscheidt (S. 12: Adj. a-und o-Dekl.). Wiederhole die Formen am besten noch einmal vor der nächsten Übung!

Bist du fit? Dann kannst du die Regeln gleich einmal anwenden:
Setze zu den folgenden Formen von ***mens, mentis,*** f die richtige Form des Adjektivs ***callidus, a, um***: klug.
Nimm dann statt des Substantivs ***mens*** das Substantiv ***animus, i,*** m: Geist und bestimme auch die Form.

1. mens callid- a animus callidus (Nom. Sg.)
2. mente callid- ____ ____________
3. menti callid- ____ ____________
4. mentibus callid- ____ ____________
5. mentem callid- ____ ____________
6. mentis callid- ____ ____________
7. mentes (!) callid- ____ ____________

____ ____________

Um die richtige Endung des Adjektivs zu finden, musst du also nicht nur die Deklinationen beherrschen. Du musst auch wissen, **welches Genus das Substantiv** hat. Daraus ergibt sich eine wichtige Regel fürs Vokabellernen:

Das **Genus des Substantivs** muss bei den **Vokabeln** unbedingt **mitgelernt** werden!

Genus richtig? Äußerst wichtig!

Gewöhne dir an, die Vokabeln immer vollständig aufzusagen (laut!). Das hört sich so an:

mens, mentis, femininum, Geist, Verstand, Gesinnung
poeta, poetae, maskulinum, Dichter, „Poet"

V 2: Lerne Genitiv und Genus mit!
V 7: Lerne laut!

Übung 5

Teste nun deine Kenntnisse: Bestimme das Substantiv und ergänze das Adjektiv ***magnus, a, um***. Dann übersetze:

	Kasus/ Numerus/ Genus	Adj. Attr.	Ubersetzung
puer	Nom. Sg. m	magnus	ein großer Junge
mater			
poetam			
nomine			
vir			
aures (!)			

Auch bei den Adjektiven der o-Deklination gibt es einige, die im Nominativ Singular m **auf -er** enden.
Hier musst du dir merken, ob das -e- im Stamm erhalten bleibt. Du siehst es, wenn du alle drei Genera des Adjektivs nennst.

Lies die folgenden Wörter mehrmals laut, damit sie sich einprägen:

liber, libera, liberum frei

miser, misera, miserum elend, arm, unglücklich

sinister, sinistra, sinistrum links

noster, nostra, nostrum unser

vester, vestra, vestrum euer

Stell dir vor, du hast einen lateinischen Text mit vielen **Substantiven** und vielen **Adjektivattributen**, und du musst entscheiden, was zusammengehört. Oft hilft dir natürlich der Zusammenhang des Textes dabei.

Aber endgültige Sicherheit geben dir erst die Formen der Substantive und der Adjektive. Ein kleines Training für die manchmal knifflige Entscheidung bietet dir die folgende Übung:

Übung 6

Zu welchen Substantiven kann die angegebene Adjektivform gehören? Schreibe das Attribut neben das (die) passende(n) Substantiv(e).
(Achtung: Es kann auch mehrere Möglichkeiten geben!)

1. *magnus*

a) genus ____________

b) hortus ____________

c) vir ____________

d) poeta ____________

2. *clarorum*

a) feminarum ____________

b) poetarum ____________

c) virorum ____________

d) consulum ____________

3. *liberis*

a) feminis ____________

b) consulis ____________

c) consulibus ____________

d) mentis ____________

4. *liber*

a) mater ____________

b) poeta ____________

c) opus ____________

d) amicus ____________

5. *parvo*

a) foro ____________

b) genere ____________

c) puella ____________

d) corpori ____________

6. *boni*

a) patres ____________

b) matres ____________

c) discipuli ____________

d) nautae ____________

7. *clarum*

a) poetam ____________

b) consulem ____________

c) magistratuum ____________

d) genus ____________

8. *noster*

a) pater ____________

b) mater ____________

c) filius ____________

d) corpus ____________

Wenn du willst, kannst du als Zusatzübung auch bei allen anderen Substantiven das kongruierende Attribut ergänzen. Aber Achtung: Dann musst du natürlich zuerst die richtige Form des Adjektivs bilden!
Übrigens: Welche Päckchen kommen als Subjekt in Frage?

Übung 7

Wörterbild

1 abacus 2 vas 3 liber 4 opus 5 puella 6 auris 7 os 8 vestis 9 discipulus 10 filius
11 pes 12 puer 13 capilli 14 magister 15 manus

Das Maxi-Mix-Rätsel

Übung 8

Diesmal gibt es für dich besonders viel zu raten: Schreibe die Wörter 1–15 auf Kärtchen (Übersetzung auf der Rückseite bis zur Kontrolle vorsichtshalber mit Bleistift).

Für die Wörter Nr. 16–25 müsstest du seit Übung 1 auf S. 20–21 Vokabelkarten besitzen. Wir brauchen sie erst später für Übung 10.

Übung 9

Schreibe folgende Adjektivformen auf Kärtchen! Bilde nun Adjektiv-Substantiv-Paare, die dem Bild entsprechen (Achtung. Manchmal passt mehreres!):

callida, dexter, flavi, longa, magna, magnus, maleficus, notum, parva, piger, praeclarus, pulchrum, Romanus, rotundum, severus.

Beispiel: abacus Romanus

Nun schreibst du für alles, was auf dem Bild mehrfach zu sehen ist, noch Kartenpaare im Plural! (7 Paare)

Und dann...

G 5: Spiel mal wieder Karten, z. B. „Schwarzer Peter" (eine Adjektivkarte zuviel ausgeben!); „Memory" ... Denkt euch was Spannendes aus!

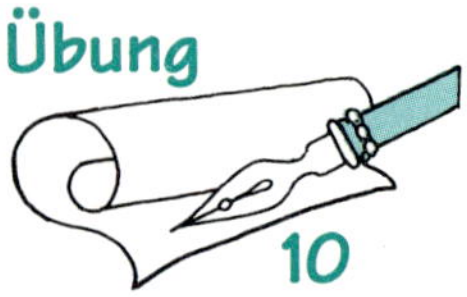

Die Wörter Nr. 16–25 auf dem römischen Schreibtisch müssten dir bekannt vorkommen! (Ansonsten darfst du schnell mal auf S. 20 nachsehen: Nr. 1–10). Hier Adjektive zu ergänzen, wäre Kinderkram, weil die Endungen von Adjektiv und Substantiv übereinstimmen. Du könntest die Wörter aber nutzen, um das Spiel zu erweitern:

Ergänze zum Mixen vier Kartenpaare im Plural, z. B.:

stili	Romani

Übungsinhalt 2

Possessivpronomina

Pila sua aut eius?
Ihr eigener oder dessen Ball?

Voraussetzung

Alle Kasus der a-, o-, konsonantisch/gemischten Deklination;
Präsens Aktiv aller Konjugationen

Wenn du Geschwister hast, wirst du wissen, wie wichtig es ist, Mein und Dein zu unterscheiden, auch unter Freunden oder in der Klasse, sonst gibt es leicht Streit.

Zum Glück gibt es ja die Possessivpronomina (besitzanzeigende Fürwörter), die die Besitzverhältnisse bezeichnen. Der folgende Text erzählt von zwei Römerkindern, die sich nicht einigen können, ob es sein oder ihr Ball ist. Auf der nächsten Seite siehst du ihre Spielsachen.

Kleines Bilderrätsel
Die Wörter des Wörterbildes auf der nächsten Seite kannst du aus dem Bild erschließen, schreibe sie wieder auf Vokabelkärtchen.

V 11: Bau dir ein „Vokabel-Trimm-dich-Gerät"!
V 18: Spiel mal wieder!

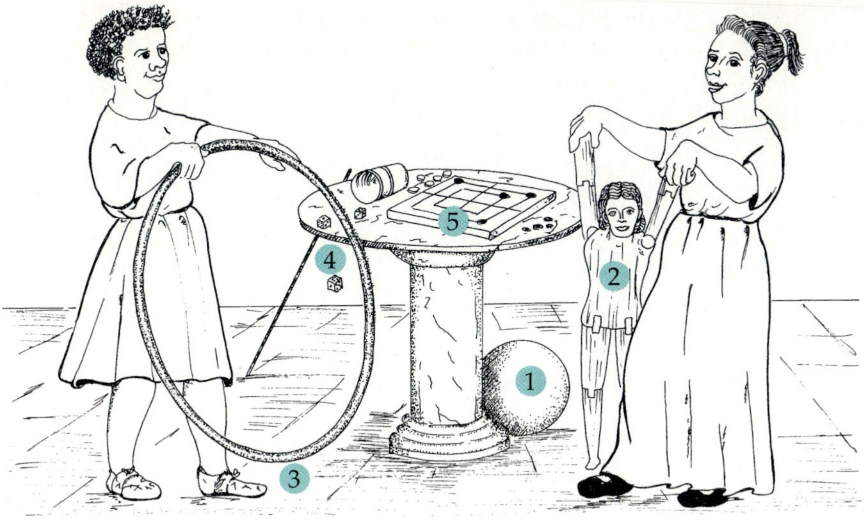

1 pila 2 pupa 3 trochus 4 alea 5 tabula lusoria

Übersetze den Text und achte dabei besonders auf die besitzanzeigenden Fürwörter.

Übung 11

Text

Womit sollen sie spielen?

1. Claudia et Marcus pilas suas quaerunt.
2. Claudia pilam suam invenit et cum Cornelia, amica sua, ludit.
3. Sed Marcus pilam suam non invenit, itaque pilam earum cupit.
4. Nam Marcus cum Maleface, amico suo, ludere vult[1].
5. Claudia et Marcus communiter[2] non ludunt, nam Claudia amicum eius non amat, Marcus amicam eius non amat.
6. Tum pater eorum vocat:
7. „Ista[3] pila mea est! Hodie ego pila mea in palaestra[4] thermarum cum amicis meis ludere cupio.
8. Claudia, tu pupis tuis ludere potes[5]. Marce, tu trocho tuo ludere potes.
9. Et aleis vestris ludere potestis[6].
10. Hodie etiam nostris tabulis lusoriis ludere licet, sed non pila mea!"
11. Ita pater controversiam[7] eorum finit. (104 Wörter)

1 *vult*: (er) will • 2 *communiter*: gemeinsam, zusammen • 3 *ista... est*: dies da ist... • 4 *palaestra (ae, f) thermarum*: der Sportplatz der Thermen (in den Badeanstalten gab es verschiedene Freizeitanlagen) • 5 *potes*: du kannst • 6 *potestis*: ihr könnt • 7 *controversia, ae, f*: Streit, „Kontroverse"

Übung 12

Mein, unser – dein, euer

In Vaters Rede (Satz 7–10) kommen die Possessivpronomen der 1. und 2. Pers. vor. Sie herauszusuchen ist wohl kein Problem für dich! Mache dir zu diesem Zweck eine Tabelle nach dem Beispiel unten.

	Possessivpron. der 1. Pers.: mein/unser	
Sg.	(pila) *mea*	*mein* (Ball)
Pl.		

	Possessivpron. der 2. Pers.: dein/euer	
Sg.		
Pl.		

sein, ihr

Schwieriger wird es beim Possessivpronomen der 3. Person!
Im Deutschen kommt es da manchmal zu Unklarheiten, wie du z. B. in dieser Ankündigung eines Spielfilms sehen kannst:

Text

Am schwarzen Fluß
In Batavia bittet 1936 der junge Arzt Dr. Drager (Rock Hudson), als Assistent für Dr. Jansen (Burl Ives) arbeiten zu dürfen. Es fällt Drager schwer, das Vertrauen des alten Praktikers zu gewinnen, aber allmählich lernt Jansen ihn schätzen. Wenig angetan ist er aber, als Drager auf Sumatra **seine** Verlobte Els (Gena Rowlands) heiratet …

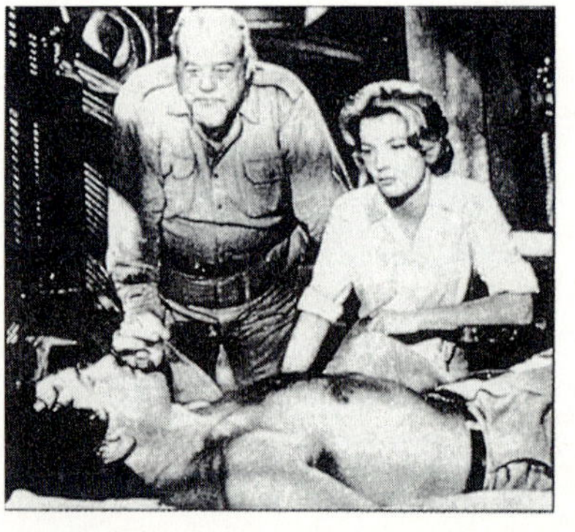

Wenn man den Film nicht kennt, weiß man nicht, ob Drager seine eigene Verlobte oder die Verlobte von Dr. Jansen, also dessen Verlobte, heiratet. Kein Wunder! Die Formen des deutschen Possessivpronomens der 3. Person sind nämlich oft mehrdeutig, die lateinischen sind da viel genauer:

Tabelle 11a

sein		
Er trifft **seinen** Freund.	seinen eigenen:	**suus, a, um**
Er trifft **seinen** Freund. (den F. **des Bruders**)	dessen/des anderen:	**eius** **Sg. m**

Tabelle 11b

ihr		
Sie trifft **ihren** Freund.	ihren eigenen:	**suus, a, um**
Sie trifft **ihren** Freund. (den F. **der Schwester**)	deren/der anderen:	**eius** **Sg. f**
Sie trifft **ihren** Freund. (den F. **der Brüder**)	deren/der anderen:	**eorum** **Pl. m**
Sie trifft **ihren** Freund. (den F. **der Schwestern**)	deren/der anderen:	**earum** **Pl. f**

An diesen Beispielen ist dir sicher schon aufgefallen, dass es ganz entscheidend auf den **Besitzer** ankommt. Daraus ergibt sich die erste Regel:

Wenn der **Besitzer** einer Sache **Subjekt des Satzes** ist, verwendet man das **reflexive** (= rückbezügliche) Possessivpronomen: ***suus, a, um.***
Hilfsübersetzung: **„sein/ihr eigener".**

Wenn der **Besitzer nicht Subjekt des Satzes** ist, verwendet man als **nichtreflexives** Possessivpronomen: ***eius, eorum, earum.***

Bei **einem** Besitzer, egal ob dieser m, f oder n ist, steht immer ***eius***.
Bei **mehreren** Besitzern wird nach dem Genus unterschieden:
m und n: ***eorum***, f: ***earum.***
Hilfsübersetzung:
***eius:* „dessen/deren"**
***eorum, earum:* „deren".**

Eigentlich ist ***eius*** usw. die Genitivform eines Demonstrativpronomens. Die Hilfsübersetzung „dessen/deren" ist also die wörtliche.

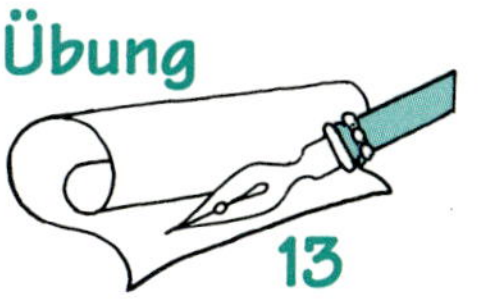

Suche nun aus der Geschichte oben S. 71 alle Possessivpronomina der dritten Person mit dem Beziehungswort heraus und ordne sie nach reflexiven und nichtreflexiven Possessivpronomen!

A

Nomen + **reflexives** Possessivpron.

Satz 1 pilas suas ihre Bälle

B

Nomen + **nichtreflexives** Possessivpron.

Satz 3 pilam earum ihren Ball

Kreuze an, welches der beiden Possessivpronomina mit dem Beziehungswort (pila) in Fall, Zahl und Geschlecht übereinstimmt (KNG-Kongruenz, S. 65)!

Das	reflexive ☐ nichtreflexive ☐	Possessivpronomen	kongruiert mit dem Beziehungswort.

Das **reflexive** Possessivpronomen ***suus, a, um*** **kongruiert** wie ein normales Adjektiv mit dem Beziehungswort:

pila sua, pilam suam …

Das **nichtreflexive** Possessivpronomen ***eius, eorum, earum*** **kongruiert nicht** mit dem Beziehungswort:

pila eius, pilam eius …

Merk dir zu *eius, eorum, earum* die „Hilfsübersetzung" „dessen, deren".

Sie kämmen ihre Haare

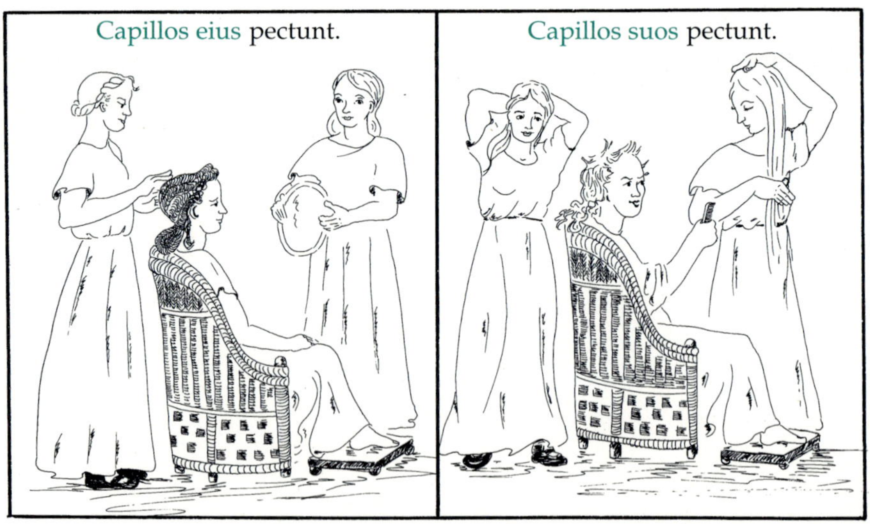

Übung 14

Kannst du die Possessivpronomina aus den folgenden Sätzen in die richtigen Kästchen im Bild einordnen und so feststellen, wessen Mut Claudius da lobt?

1. Claudius animum eorum laudat.
2. Claudius animum eius laudat.
3. Claudius animum suum laudat.
4. Claudius animum earum laudat.

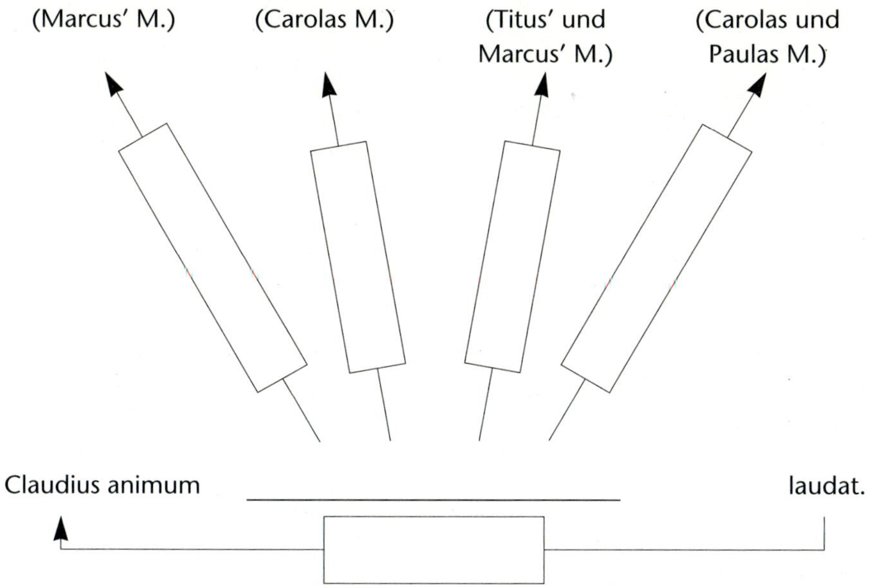

So, das wär's für heute!
Pack deine sieben Sachen ein und geh spielen, mit deinem oder ihrem Ball.
Nach diesem kniffligen Kapitel hast du es redlich verdient.

C Übungen zur Konjugation

1. Präsens

Übungsinhalt 1

Präsens Aktiv, Imperativ

Adiuva*, *domine! Piratae* *appropinquant!
Hilf, Herr! Die Piraten kommen!

Voraussetzung

3. Pers. Präsens Aktiv der a- und e-Konjugation; Vokativ, Nominativ, Akkusativ der a- und o-Deklination

Die Anrede **„Domine!“** – „Herr!“ hast du vielleicht schon einmal in der Kirche gehört. Die Römer benutzten diese **Anredeform (Vokativ)** allerdings selten für die Götter, denn diese hatten ja – anders als der Gott der Christen – Namen:
Neptunus hieß der Gott des Meeres, **Mercurius** der Gott des Handels. Wenn du dir merkst, wie die Römer diese Götter angesprochen haben, kannst du die Regel 1 leichter behalten:
„Adiuva, **Neptune**! Adiuva, **Mercuri**!“ „Hilf, Neptunus! Hilf, Mercurius!“

Im **Vokativ Singular** haben die **Maskulina der o-Deklination** eigene Endungen:
Die Wörter auf ***-us*** haben die Endung **-e:** *dominus* → ***domine!***
Die Wörter auf ***-ius*** haben die Endung **-i:** *filius* → ***fili!***
In allen anderen Fällen sind Vokativ und Nominativ gleich.

Wo eine Anrede (ein Vokativ) steht, ist meist eine **Aufforderung** oder ein **Befehl** nicht weit entfernt: *„Adiuva!“* – „Hilf!“ – *„Adiuvate!“* – „Helft!“

Diese **Befehlsform** heißt **Imperativ**.

Wie man den Imperativ bildet, hast du ja in der Schule schon gelernt. Zur Erinnerung hier nochmals das Bildungsgesetz:

Bildung des **Imperativs der a- und e-Konjugation**:

Imperativ Singular:	**Stamm des Verbs:**	*Adiuva! Vide!*
Imperativ Plural:	**Stamm + Endung -te:**	*Adiuva-te! Vide-te!*
Imperativ von ***esse***:	***Es!*** Sei! ***Este!*** Seid!	

In der folgenden Geschichte geht es auch um Befehle, dazu erst:

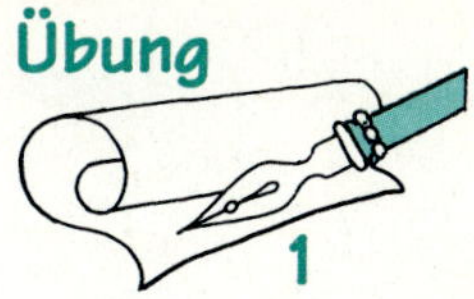

Wörterbild

Ein kleines Bilderrätsel

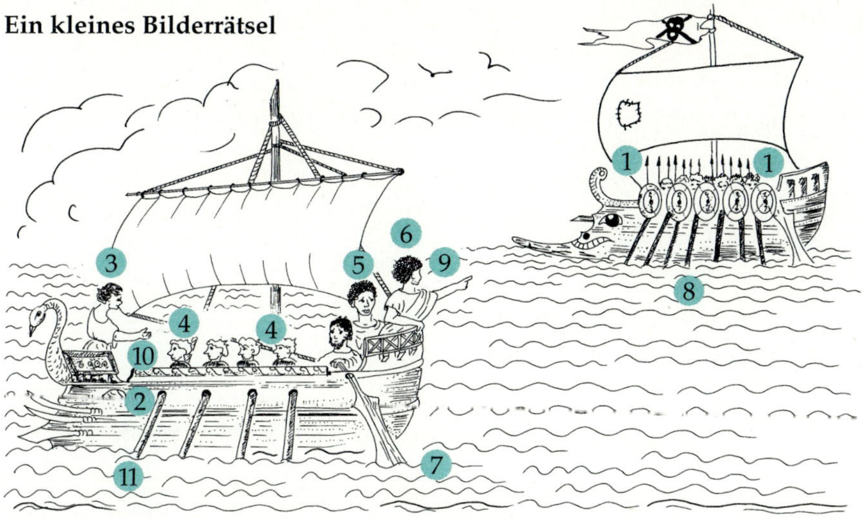

1 piratae 2 navigium 3 praefectus 4 nautae 5 dominus 6 filius
7 navigant 8 captant 9 videt 10 imperat 11 remigant

Wie viele Wörter kannst du aus dem Bild erschließen?? Schreibe sie wieder auf Kärtchen!

V 7: Lerne immer laut! V 11: Bau dir ein Vokabel-Trimm-dich-Gerät!

Übersetze nun den lateinischen Text:

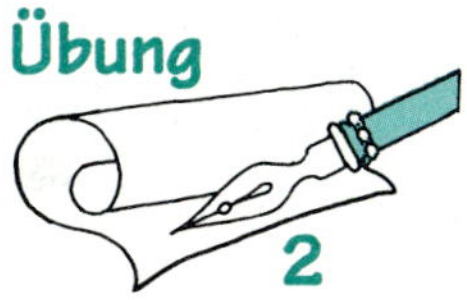

Text

Was tun, wenn die Piraten kommen?

1. Dominus et filius ex Asia[1] in Italiam navigant. Subito piratae appropinquant.
2. Filius piratas videt et clamat: „Vide, praefecte! Piratae advolant, navigium nostrum captant."
3. Praefectus imperat: „Cito remigate[2], nautae! Adiuva, Neptune! Piratae adsunt! Piratas arcete! Pugnate, viri! Animosi[3] este!
4. Dominus clamat: „Occulta te in navigio, mi fili! Adiuva, Mercuri! Serva divitias meas! Servate navigium, nautae!"
5. Praefectus: „Noli[4] clamare, domine! Hic habes gladium! Animosus es! Animosi pugnant, non clamant. Doce filium pugnare, non se[5] occultare!"

(73 Wörter)

1 *ex Asia*: aus Asien • 2 *remigare*: rudern (remus: Ruder) • 3 *animosus, a*, um: (‚mit animus versehen') mutig, beherzt • 4 *noli clamare*: Schrei nicht (wörtlich: Wolle nicht schreien)! • 5 *se*: sich

Übung 3

Hier geben gleich zwei Leute Befehle, kein Wunder also, dass so viele Imperative im Text vorkommen! Suche die Imperative heraus und schreibe sie nach Singular und Plural geordnet auf!

Satz	Imperativ Singular	
2	vide!	sieh!
3		
4		
4		
4		
5	noli clamare	(wolle nicht schreien) schrei nicht!
5		
5		

Satz	Imperativ Plural	
3	remigate!	rudert!
3		
3		
3		
4		

Übung 4

Schreibe nun alle Anredeformen (Vokative) heraus! Wenn sich Nominative und Vokative unterscheiden, schreibe den Nominativ in Klammern daneben!

Satz	Vok.	Nom.
2	praefecte!	(praefectus)

Hoffentlich bist du nicht auf „*serva*" hereingefallen! Aber du hast sicher gemerkt, dass „*serva*" „**rette!**" heißen muss und nicht „Sklavin".
Es gibt leider immer einige Formen, die man verwechseln kann, wenn ein Verb und ein Substantiv den gleichen Wortstamm haben. Am besten nimmst du noch einmal deine Deklinations- und Konjugationstabellen und suchst heraus, welche Endungen gleichzeitig bei **Substantiven** und **Verben** auftreten können.

Übung 5

Gleiche Endungen in **a-/o-Dekl.** und **a-/e-Konj.**

Endungen	Dekl.-Formen (Kasus, Numerus, Genus)	Konj.-Formen (Person, Tempus, Genus)	Zahl d. Möglichkeiten
-o	Dat. Sg. ...	...	3
-a	...	...	6
-as	...	...	2

Übung 6

Das Spielchen kannst du auch für weitere Endungen fortführen, wenn du die 1.–3. Pers. Präsens der Konjugation und die konsonantisch/gemischte sowie die e-Deklination kennst.
Mache eine Tabelle wie oben und sammle die Endungen im Heft!

1. Pers. Sg. Präsens Aktiv

Voraussetzung

Schau dir zuerst das Bild unten mit dem *miles* = Soldaten an. Versuche zuerst die neuen Vokabeln rechts unten aus dem Bild zu erschließen.
Dabei kann dir auch Übung 8 (S. 80) helfen.

Wörterbild

Miles otiosus, olim gloriosus[1] ...

1 *miles gloriosus*: Der angeberische Soldat ist eine bekannte Komödienfigur des Dichters Plautus.

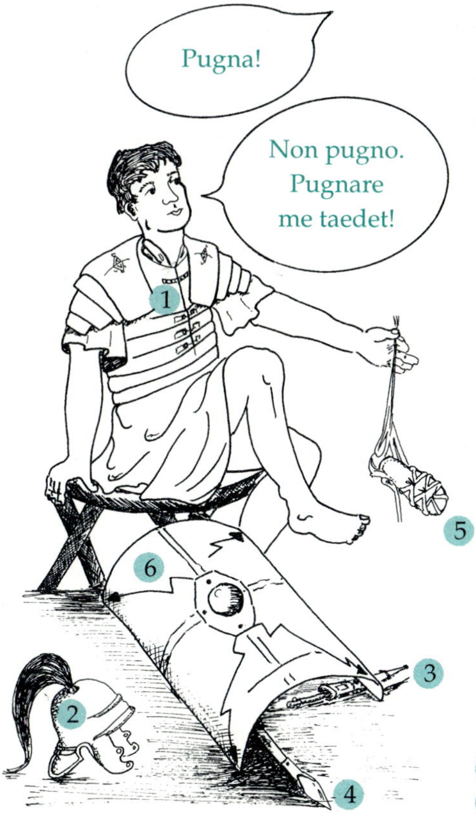

1 lorica 2 galea 3 gladius
4 pilum 5 caliga 6 scutum

Übung 7

Pazifistisches Bilderrätsel

Erfinde nach dem Muster *„Pugna! Non pugno. Pugnare me taedet."* weitere pazifistische Dialoge für unseren *miles otiosus*! Übersetze die 1. Pers. Singular Präsens (dabei kannst du gut erkennen, welche Konjugation vorliegt).

Hier hast du eine Sammlung von sogenannten „Heldentaten", die unser Soldat verweigern könnte:

1. obsidere, 2. contendere, 2. impetum facere, 4. adversarios circumvenire, 5. oppidum oppugnare, 6. viros vincire, 7. feminas liberosque abducere.

Lass dann eine ganze Armee den Kriegsdienst verweigern: Schreibe alle Befehle und Verweigerungen **im Plural** auf (nur Imperativ und 1. Person Plural, ohne Übersetzung)!
Beispielsatz: *1. Obsidete! Non obsidemus!*

Übung 8

Unterscheide auf der Abbildung Einzelheiten: Male die Rüstung des *miles* bunt aus und schreibe das lateinische Wort daneben. Lege dir Vokabelkärtchen an, dann kannst du dir die folgenden Vokabeln gut merken:

1. lorica, 2. galea, 3. gladius, 4. pilum, 5. caligae, 6. scutum.

Unser *miles* legt nun seine gesamte Rüstung ab und bringt sie ins Lager zurück. Vervollständige die angefangene Aufzählung – aber pass auf, dass er nicht die Hälfte vergisst!

Galeam, ______________________________

______________________________ in castra reportat.

Er bringt den Helm, ______________________________

______________________________ ins Lager zurück.

Wenn du Lust hast, kannst du unseren *miles* nun als „Zivi" bemalen.

V 17: Mal mal wieder!

Übungsinhalt 2

1.–3. Person Präsens Aktiv; Imperativ

Computa digitis! – Potius abacum capio.
Rechne mit den Fingern! – Ich nehme lieber den „Taschenrechner".

Voraussetzung alle Konjugationen (1.–3. Person Präsens); konsonantische Deklination

Wir gehen jetzt einmal in die römische Schule und erleben eine Mathestunde (***mathematica, orum***, n = Mathematik) beim gestrengen Rechenlehrer ***Decimus Calculator*** (***decimus*** = wörtlich: der Zehnte; ***calculator*** = Rechenmeister,

-lehrer). Vieles wird dir bekannt sein: Der Mathematiklehrer gibt Befehle, ruft auf – wenn auch strenger und „schlagfertiger“ (***plagosus*** = prügelfreudig) als Lehrer heutzutage. Es gibt sogar schon „Taschenrechner“ (***abacus***) – wenn auch keine Computer! Zum „Kopfrechnen“ benutzten die Römer ein ausgeklügeltes System von Fingerzeichen (***digitus, i,*** m: Finger): Für die Zahlen von 1–10 wurden die Hände benutzt, für die größeren Zahlen nahm man andere Körperteile zu Hilfe. Aber lies doch selber! (Das Stück könnt ihr übrigens gut spielen!).

Übersetze den lateinischen Text.

Übung 9

Text

Lehrer „Plagosus“

Decimus Calculator (= D. C.): Salvete, discipuli discipulaeque! Nunc exercemus mathematica. Legite numeros, liberi! I, II, III, IV, V, VI, VII, VIII, IX, X! *(Er zeigt auf die Zahlen.)*

Schüler (alle laut): Unus, duo, tres, quattuor, quinque, sex, septem, octo, novem, decem. *(Malefax schwätzt mit dem Nachbarn.)*

D. C.: Noli[1] blaterare, Malefax! Discipulos decet[2] tacere et parere! Veni! Tibi decem plagas[3] dabo… Sexte, ferulam[4] apporta! Venite! Tenete Malefacem! Numero[5] de uno ad decem: Unus, duo, tres… Nunc certe numeros memoria tenes! Conside!

Marcus (flüstert): Iure[6] discipuli Decimum non Calculatorem, sed Plagosum nominant!

D. C.: Attenti este! Nunc per digitos computamus.

Marcus: Tandem computamus!

D. C.: Tace, Marce! Computa: V + V = ? *(Die Schüler rechnen mit den Fingern.)*

D. C.: Demonstrate summam[7] per digitos, puellae! *(Sie zeigen das Fingerzeichen für X.)*

D. C.: Dic summam, Vera!

Vera: Quinque plus quinque sunt decem.

D. C.: Nunc computate: II + III = ?… *(Alle zeigen die Fingerzahl für V, unser Zeichen für „Victory“.)*

Marcus (passt nicht auf, liest in einer Landkarte): … sunt mille, circa[8].

D. C. (ärgerlich): Quid computas?

Marcus (zeigt die Landkarte): Germania ab Italia longe abest… abacum capio et computo… *(er zählt die Meilenangaben zwischen den Poststationen der Karte zusammen. Der Lehrer holt auch seinen Abacus und kontrolliert. Die anderen Schüler nutzen die Gelegenheit, die Mathestunde abzukürzen und – zu verschwinden.)* (100 Wörter)

1 *noli blaterare*: schwätze, „plappere“ nicht! (wolle nicht schwätzen!) • 2 *discipulos decet tacere*: für Schüler ziemt es sich zu schweigen, Schüler müssen … • 3 *tibi … plagas dabo*: ich werde dir … Schläge geben • 4 *ferula, ae*, f: Stock • 5 *numero*: ich zähle • 6 *iure*: mit Recht • 7 *summa, ae*, f: „Summe“ • 8 *circa*: ungefähr

Sieh dir bitte jetzt einmal an, wie der Imperativ gebildet ist:

konsonantische Konjugation	*Consid*	***-e***	*Consid*	*-o*
gemischte Konjugation	*Cap*	***-e***	*Cap*	*i-o*
	Wortstock	Endung	Wortstock	Endung

Du siehst, wir müssen unsere Regel über die Bildung des Imperativs (von S. 76) für die **gemischte Konjugation** und die **konsonantische Konjugation** ein wenig ergänzen. Vollständig sieht die Regel für die Imperative so aus:

Bildung der Imperative aller Konjugationen

Imperativ **Sg.**: **a-, e-, i-Konjugation:**
nur der **Stamm** *(Computa! Salve! Veni!).*

kons. und **gem.** (= kurz -i) **Konjugation:**
Wortstock + -e *(Lege! Cape!).*

Merke dir drei Ausnahmen zum Imperativ Sg.
(„Stockimperative"): Dic! Duc! Fac!

Imperativ **Pl.**: Bei **allen Konjugationen: Stamm + -te**

Merke: *Veníte!* (*i* = Stammvokal, also lang, betont!)
Légite! (*i* = Sprechvokal, also kurz, unbetont)

Lupa hat drei Sprüche für dich, die dir helfen, dir die richtige Betonung zu merken.

Es sprach die Aphrodíte*:
„O liberi, veníte!"
Da sprach die Nofretéte*:
„O liberi, cavéte!"
Und so sprach die Hekáte*:
„Accúrrite[1] Cantáte[2]!"

* Aphrodíte: römisch = Venus, Göttin der Liebe; Nofretéte: ägyptische Königin; Hekáte: kleinasiatische Göttin. • 1 *accurrere*: herbeilaufen • 2 *cantare*: singen

Aber das soll uns für die Imperative genügen! Wichtiger ist noch ein bisschen Übung für das Präsens Aktiv!

Voraussetzung

Übung 10

„Verwechsel-mich-nicht!"

Ist dir schon aufgefallen, dass manche Verbformen auch leicht mit dem Genitiv auf -is verwechselt werden können? Solche Formen wollen wir jetzt herausfinden. Deswegen wiederholen wir zuerst einige Verben. Trage die angegebene Person und die Konjugation ein (Übersetzung bitte mündlich):

1. Sg. Präs. Akt.	2. Sg. Präs. Akt.	2. Pl. Präs. Akt.	Inf. Präs. Akt.	Konj.
venio				
fugio				
facio				
cedo				
scribo				
ludo				
quaero				
consulo				

Übung 11

Und jetzt geht's ans Rätselraten!

Reihenrätsel

Kreuze die Form an, die sich in die Reihe geschlichen hat, obwohl sie gar nicht hineingehört. Erkläre in Stichworten wie im Beispiel, inwiefern sich die Form von den anderen unterscheidet.

1. *matris, aviae, cedis, imperatoris, nepotis.*

Verb (2. Sg. Präs. Akt.), alle anderen: Subst. (Gen. Sg.)

2. *consulum, patrum, avum, virorum, filiarum.*

3. *consulis, quaeris, patris, venis, facis.*

4. *filium, avum, virum, filiam, consulum.*

5. *luditis, facitis, scribitis, nepotis, venitis.*

6. *consulis, quaeris, fugis, cedis, facis.*

Übungsinhalt 3

3. Person Präsens Passiv; Ablativus auctoris und instrumentalis

In theatro spectaculum datur.
Im Theater wird ein Schauspiel gegeben.

Voraussetzung konsonantische und i-Konjugation
konsonantisch/gemischte Deklination

Wörterbild

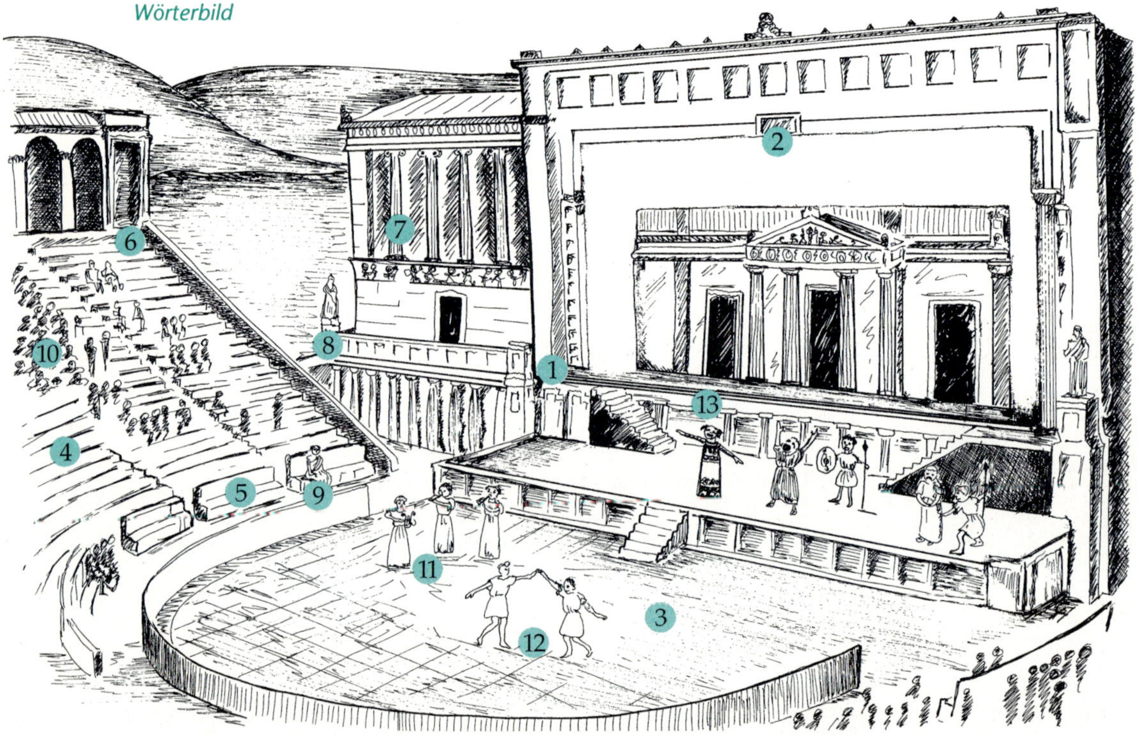

1 aulaeum 2 scaena 3 orchestra 4 cavea 5 ima cavea
6 summa cavea 7 columna 8 statua 9 decurio 10 spectator
11 symphoniacus 12 chorus 13 actor

Übung

Spektakuläres Bilderrätsel

Hast du schon einmal ein römisches Theater besucht? In ganz Europa, in Asien und Afrika sind noch gut erhaltene Bauwerke zu finden, in denen zum Teil sogar noch Theater gespielt wird.
Natürlich haben wir mit der Architektur oft auch die Vokabeln übernommen. Versuche, aus dem Bild oben möglichst viele Wortbedeutungen zu erschließen und schreibe sie auf Vokabelkärtchen.

V 17: Mal mal wieder!

Claudia und Marcus dürfen zum ersten Mal mit den Eltern ins Theater gehen. Sie staunen über die Pracht des Gebäudes und beobachten die Akteure dieses Ereignisses: Hier agieren nicht nur die Schauspieler *(actores)*.

Übung 13

Übersetze den Text schriftlich und achte besonders auf die Prädikate! Unterstreiche sie zuerst mit einer Schlangenlinie: Gut gemalt ist halb übersetzt!

Text

Ein Star tritt auf

1. Claudia et Marcus theatrum visitant, ibi spectaculum[1] datur.
2. Ante theatrum decurionem vident; decurio a populo cum clamore salutatur, populus decurionem salutat et retinet.
3. Decurio enim spectaculum dat et populo tesseras[2] donat.
4. Tandem populus a servis retinetur; decurio theatrum intrat.
5. Et liberi intrant et scaenam aspectant: statuae columnaeque scaenae liberis valde placent. Columnae statuaeque a spectatoribus laudantur: „Magnificae sunt." (58 Wörter)

Nun kann das Schauspiel beginnen, aber nur wenn du die konsonantische und die i-Konjugation kennst. Ansonsten überspringe Satz 6–11!

konsonantische und i-Konjugation

Voraussetzung

Text

6. Tum liberi in summam caveam ascendunt, summa cavea a liberis feminisque ascenditur, ima cavea a decurionibus occupatur.
7. Subito valde applauditur[3], cuncti spectatores applaudunt, nam aulaeum mittitur.
8. Iam symphoniaci orchestram intrant, iam scaena ab actore intratur.
9. Actor personam[4] gerit, totum caput personā tegitur.
10. Sed vox actoris personam personat[5].
11. Itaque auditores vocem usque ad summam caveam audiunt; sonora[6] vox bene auditur, cuncta verba audiuntur. (63 Wörter)

1 *spectaculum, i,* n: Schauspiel • 2 *tessera, ae,* f: Eintrittsmarke (meist aus Metall) • 3 *applaudere, applaudo*: „applaudieren", Beifall klatschen • 4 *persona, ae,* f: Maske (meist aus festem Material mit großem Mund, so dass eine Klang verstärkende Wirkung entstand) • 5 *personare*: tönen, klingen durch • 6 *sonorus, a,* um: volltönend, klangvoll, ‚sonor'

Vielleicht hast du bemerkt, dass in einigen Sätzen der gleiche Sachverhalt auf zwei verschiedene Arten ausgedrückt wird.

Einmal steht das **Prädikat** im **Aktiv**, einmal im **Passiv**:

*Populus decurionem saluta**t**:* Aktiv
*Decurio a populo saluta**tur**:* Passiv

Aktiv und **Passiv** kannst du gut an den Endungen erkennen:

Tabelle 12

Endungen der 3. Pers.		
	Aktiv	Passiv
Sg.	**-t**	**-tur**
Pl.	**-nt**	**-ntur**

Voraussetzung a-, e-Konjugation

Übung 14

Probiere einmal aus, ob du **Aktiv** und **Passiv** schon klar erkennst. Schreibe die Prädikate von Satz 1–5 in dein Heft, Aktiv auf die linke, Passiv auf die rechte Heftseite. Im Lösungsteil findest du zusätzlich auch die Übersetzung dazu.

Aktiv	Passiv
Satz 1 visitant	1 datur

Voraussetzung i-, konsonantisch/gemischte Konjugation

Übung 15

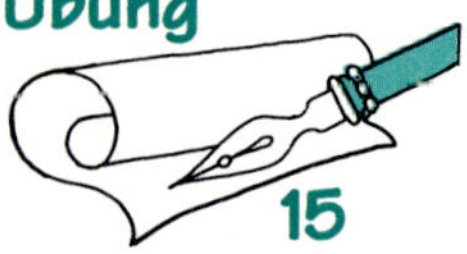

Die Sätze 6–11 enthalten nun **Aktiv-** und **Passivformen aller Konjugationen.** Achte beim Herausschreiben besonders auf den Vokal vor der Personalendung. Schreibe die Konjugation dazu!

Aktiv	Passiv
Satz 6 ascendunt (kons.): sie steigen auf	6 ascenditur (kons.): (er) wird bestiegen

Du wirst es schon gemerkt haben: Die 3. Person der a- und e-Konjugation ist einfach. Bei den anderen Konjugationen muss man schon ein bisschen aufpassen! Deshalb habe ich dir einmal je ein Beispiel aufgeschrieben:

3. Pers. Präs. aller Konjugationen

Tabelle 13a

Aktiv		Passiv		Konjugation
laudat laudant	er lobt sie loben	laudátur laudantur	er wird gelobt sie werden gelobt	a-
monet monent	er mahnt sie mahnen	monétur monentur	er wird gemahnt sie werden gemahnt	e-

Tabelle 13b

Aktiv		Passiv		Konjugation
mittit mittunt	er schickt sie schicken	míttitur mittúntur	er wird geschickt sie werden geschickt	konsonantisch
capit capiunt	er fasst sie fassen	cápitur capiúntur	er wird gefasst sie werden gefasst	gemischt (kurz-i)
audit audiunt	er hört sie hören	audítur audiúntur	er wird gehört sie werden gehört	i- (lang-i)

Am besten prägst du dir jetzt erst einmal die Formen aus Tabelle 13 ein, indem du sie auf Kassette sprichst.

> V 7: Lerne laut!
> V 15: Bastel dir ein „Sprachlabor!"

Hier nun die Übung:
Bilde die 3. Pers. Sg. und Pl. Präs. Aktiv und Passiv auf Lateinisch und Deutsch von den folgenden Verben.

1. *terrere (terreo)* e-Konj.: erschrecken
2. *ducere (duco)* kons. Konj.: führen
3. *amare (amo)* a-Konj.: lieben
4. *iacere (iacio)* gem. Konj.: werfen
5. *punire (punio)* i-Konj.: bestrafen

Beispiel **Aktiv**	**Passiv**
1. terret: er erschreckt	terretur: er wird erschreckt
terrent: sie erschrecken	terrentur: sie werden erschreckt

Beim Passiv kommt besonders oft der Ablativ vor:

Die **handelnde Person**, der „Täter", wird beim **Passiv** im **Ablativ des Urhebers (Ablativus auctoris)** genannt.

Beispiel:
*Spectaculum **a decurione** datur.*
Das Schauspiel wird **von einem Stadtrat** gegeben.

Auch ein **Gegenstand** kann eine Handlung bewirken; er steht dann **im Ablativ des Mittels (Ablativus instrumenti/instrumentalis)**.

Beispiel:
*Navigium **vento** agitatur.*
Das Schiff wird **vom Wind** getrieben.

Übung 17

Stelle noch einmal zusammen, welche Endungen für den Ablativ in Frage kommen. (Wirf notfalls einen Blick in deine Grammatik.)

Ablativendungen					
	a-Dekl.	o-Dekl.	kons./gem. Dekl.	u-Dekl.	e-Dekl.
Sg.	-a				
Pl.	-is				

Du siehst schon, dass einige Endungen doppeldeutig sind.
Die Sätze der folgenden Übung zeigen es dir an Beispielen: Die unterstrichenen Endungen -o, -is, -a, -e könnten Ablative sein, aber auch etwas anderes.

Übung 18

Übersetze und bestimme, ob das Prädikat im Aktiv oder Passiv steht.
Stelle bei den unterstrichenen Wörtern die Sinnfragen, wie du es in den ersten Kapiteln von Teil A dieses Buches gelernt hast.
Bestimme bei den unterstrichenen Wörtern Satzteil und Form!

Beispiel:

1. Decurio populo spectaculum dat.

   Der Stadtrat gibt dem Volk ein Schauspiel (Akt.)

   decurio: wer gibt? – Subj.: Nom. Sg.

   populo: wem gibt er? – Dat. Obj.: Dat. Sg.

2. Populus a **servo** retinetur.
3. Servi **equis** cibum dant; **equis** a **servis** cibus datur.
4. **Mola mulis** torquetur; frumentum **mola** molitur.
5. Eurysaces **agricolis** frumentum pendit.
6. Marcus a **calculatore** monetur: „**Tacere** debes, **Marce**!“
7. **Decurio theatro carro** appropinquat.
8. **Actoribus** a **spectatoribus** applauditur.
9. **Serva opera** sua perficit; **opera** a **serva** bene perficiuntur.

1.–3. Pers. Präsens Aktiv und Passiv aller Konjugationen

Übungsinhalt 4

Nonne saepe de vita interrogaris?
Wirst du oft nach deinem Leben gefragt?

a- und e-Konjugation (Satz 1–3); konsonantische Deklination

Voraussetzung

Übung 19

Claudia gelingt es, zu ihrem Schwarm ***Pylades***, dem griechischen Star der Theatergruppe, vorzudringen und ihn über sein Leben zu befragen. Die Eltern sehen das nicht gerne, denn Schauspieler gehören nach der römischen Standesordnung zur Gesellschaftsklasse der „***infimi***" (= Menschen der untersten Klasse) – auch wenn sie als Stars hoch bezahlt und umjubelt sind. Claudia aber will Genaueres wissen über das Leben des Schauspielers (***actor, actoris***, m: Schauspieler, „Akteur", *actor tragicus*: Tragödienschauspieler), über seine Rollen (***pars, partis***, *f*), die Masken (***persona, ae***, *f*), die kostbaren Gewänder (***vestes pretiosae***), einfach über alles ...

Übersetze das „Interview" mit dem antiken Showstar!
(Nicht vergessen: Auch hier wieder zuerst die Prädikate unterstreichen!)

Text

Interview mit einem Theaterstar

1. *Claudia:* Nonne saepe de vita tua interrogaris?
   Pylades: Sic est. Saepe de vita et labore interrogor.
2. *C:* Nonne saepe in terras alienas invitaris?
   P: Sic est, saepe in terras alienas invitor. Saepe in Asia et in Germania sum.
3. *C:* Num magno spectatorum numero terreris?
   P: Non terreor! Mihi placet magnum spectatorum numerum habere!
   (47 Wörter)

konsonantische und i-Konjugation

Voraussetzung

Text

4. *C:* Nonne magno studio acciperis?
   P: A populo studio accipior; sed nonnulli homines actores homines infimos[1] habent.
5. *C:* Num in theatris magnis bene audiris – ut in theatro nostro?
   P: In theatris magnis bene audior, quod theatra bene constructa[2] sunt.
6. *C:* Varias vestes[3] pretiosas geris; a quo vestibus indueris?
   P: A servis meis induor. Vestes celeriter mutari debent, quod semper varias partes[4], etiam partes feminarum, ago. (59 Wörter)

1 *infimus, a,* um: unterste, niedrigste; ... homines infimos habere: für Menschen der niedrigsten Klasse halten (der Beruf des Schauspielers galt als unehrenhaft und wurde von Sklaven und Freigelassenen ausgeübt). • 2 *constructus, a,* um: gebaut, „konstruiert" • 3 *vestis, vestis, f*: Gewand, Kleid („Weste") • 4 *pars, partis, f*: Teil, hier: Rolle, ‚Part' (Alle Rollen wurden von Männern gespielt; erst spät traten hin und wieder Frauen in Komödien auf, was als anstößig angesehen wurde.)

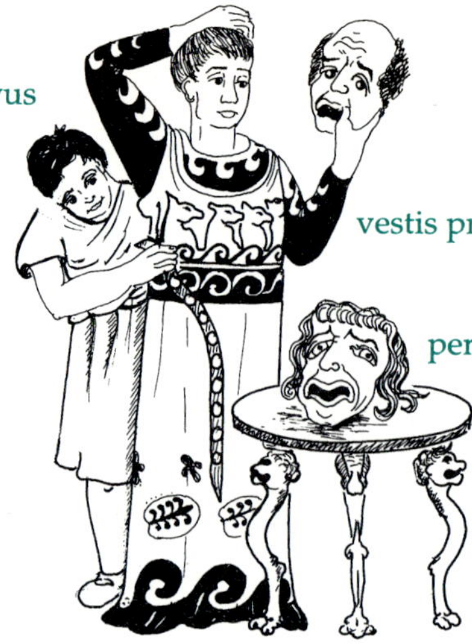

Actor a servo veste personaque induitur.

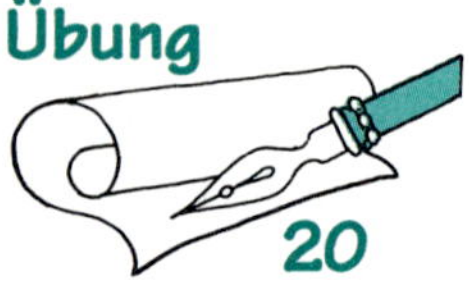

Schreibe die Prädikate heraus, die im Passiv stehen, und trenne dabei die Passivendung vom Verbstamm ab, wie du es in den ersten Beispielen siehst.

Satz	Lateinisch	Deutsch
1	interroga-ris interrog-or	du wirst gefragt ich werde gefragt

Die folgende Tabelle stellt nun einmal ganz knapp die Endungen des Aktiv und Passiv gegenüber.
Die vollständigen Formen des Präsens Aktiv und Passiv aller Konjugationen findest du in deinem Schulbuch oder in Langenscheidts Kurzgrammatik auf den Seiten 32–34 (linke Spalte).

Tabelle 14

	Aktivendungen	Passivendungen
	Sg.	Sg.
1. Pers. 2. Pers. 3. Pers.	-o (-m) -s -t	-or -ris -tur
	Pl.	Pl.
1. Pers. 2. Pers. 3. Pers.	-mus -tis -nt	-mur -mini -ntur

Präge dir diese Formen vor der nächsten Übung durch lautes Lesen ein: „Über Auge und Ohr ins Gehirn!“

V 7: Lerne laut!
G 3: Mach dir ein „Paukposter“!

Die beiden sind ganz verschieden!

Ich bin der Aktive. Mein Zauberwort heißt: „Ost-Mustisnt[1].“
Ich bin der Passive. Mein Zauberwort heißt: „Orristur-Murminintur[1].“

1 Hast du die Endungen wiedererkannt? „o-s-t, mus-tis-nt.“ und „or-ris-tur, mur-mini-ntur.“

Beachte:

Bei der **2. Pers. Singular Präsens Passiv** steht in der konsonantischen und gemischten Konjugation ein **kurzes -e-** als Sprechvokal:

quáer-e-ris: du wirst gefragt/gesucht, *dúc-e-ris*: du wirst geführt.

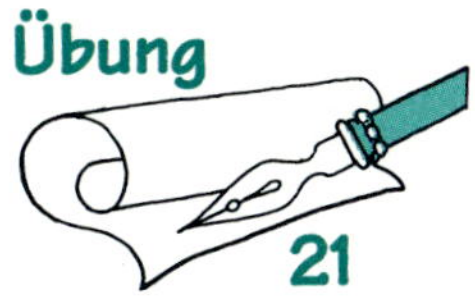

Auch in der Antike gehörten zu einer Theatertruppe mehrere Schauspieler. Stell dir vor, Claudia befragt die beiden Schauspieler Pylades **und** Hylas über ihr Leben als Schauspieler. Wie müssten die sechs **Fragen und Antworten** dann **im Plural** lauten?

Beispiel:

1. Nonne interrogaris?

   Nonne interrogamini? Werdet ihr nicht gefragt?

   Interrogamur. Wir werden gefragt.
2. Nonne invitaris?
3. Num terreris?
4. Nonne acciperis?
5. Num audiris?
6. A quo indueris?

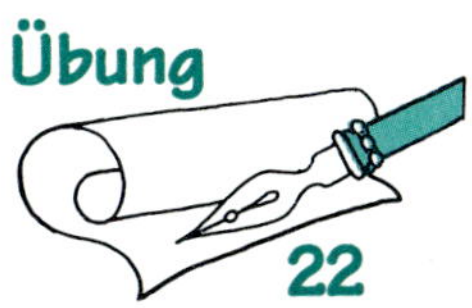

Achtung! Jetzt heißt es „totale Konzentration“! Jetzt kommen die Formen kreuz und quer, durch alle Personen, Aktiv und Passiv! (Wir nehmen die 3. Pers. wieder dazu, weil sie ja am häufigsten in deinen Texten vorkommen wird.) Übersetze und bestimme:

1. *sie werden gelobt* laudantur (3. Pers. Pl. Präs. Pass.)

2. *ich werde gelobt*
3. *ich werde gefasst*
4. *ich werde geschickt*
5. *sie werden geschickt*
6. *sie fassen*
7. *du wirst gefasst*
8. *du wirst gelobt*
9. *wir mahnen*
10. *ihr werdet gemahnt*
11. *ihr werdet geschickt*
12. *sie hören*
13. *er wird gehört*
14. *er wird gemahnt*
15. *du wirst gemahnt*
16. *du wirst gehört*
17. *wir werden gemahnt*
18. *sie werden gehört*
19. *sie schicken*
20. *er wird geschickt*

Na, wie war's?? Ist das meiste richtig?? Das wäre schon eine stolze Leistung!! Die Formen sind nämlich trickreich zusammengestellt, damit du alles übst, was du später in deinen Texten brauchst. Wenn du noch Fehler gemacht hast, wiederhole die Übung noch einmal, aber nicht gleich heute.
Schreibe die Formen auf Kärtchen: auf die Vorderseite die lateinischen, auf die Rückseite die deutschen und die Bestimmung. Damit kannst du dann immer wieder mal üben, bis alles sitzt:

V 11: Bau dir ein „Vokabel-Trimm-dich-Gerät" der Verbformen!

C 2. Futur

Übungsinhalt 1

Futur I: a- und e-Konjugation

Cenabis optime!
Du wirst sehr gut speisen!

Voraussetzung a- und e-Konjugation

Im Deutschen benutzen wir das **Futur** nicht sehr häufig. Wir machen meist durch **Zeitadverbien** deutlich, dass die Handlung in der **Zukunft** liegt:
„Heute back' ich, **morgen brau'** ich, **übermorgen hol'** ich der Königin ihr Kind."
Ein römisches Rumpelstilzchen müsste sagen: „Morgen werde ich brauen, übermorgen werde ich der Königin ihr Kind holen."
Allerdings können die Römer das mit einem oder zwei Buchstaben ausdrücken:

„**bo**, **bi**, **bu**, die **Zukunft** bildest du!"

Und so einfach wird das lateinische Futur I gebildet:

speisen		**wirst**		du
cena-		***bi***		*-s*
Stamm	+	Zeitzeichen	+	Personenendung wie im Präsens

Dabei muss man nur ein wenig auf den **Vokal** des **Zeitzeichens** achten, er wird manchmal durch die Personenendung verwandelt.

Dazu ein **kleines Buchstabenrätsel:**
Farblich hervorgehoben findest du das Futurzeichen + Endung.

Vervollständige die Formen und achte darauf, wie sich der Vokal des Futurzeichens ändert! Male das Zeitzeichen dick nach: „Durch die Hand ins Hirn!"

Lerne diese Futurkennzeichen!

ich werde geben	*da*	**b**	*o*
du wirst schweigen	. . . .	**bi**	.
er wird irren	. . . .	**bi**	.
wir werden erschrecken	. . . . .	**bi**	. . .
ihr werdet retten	. . . . .	**bi**	. . .
sie werden zurückhalten	. . . . . .	**bu**	. .

Lies das Futur in deinem Lateinbuch einmal laut und einmal leise!

V 7: Lerne laut!

Das verflixte Hilfsverb „werden"!
Im Deutschen wird zur Bildung des **Futur** und des **Passiv** dasselbe **Hilfsverb** benutzt, nämlich **„werden"**. So können sich leicht Fehler im Deutschen einschleichen, die sich auf das Lateinische auswirken. Es gibt aber verschiedene Möglichkeiten, die dir helfen, die „werden"-Formen zu unterscheiden:

Du kannst dir eine **Sinnfrage** dazu merken, zum Beispiel:
Tut er es **demnächst/später selbst**? → **Futur I Aktiv**

oder

Wird es **jetzt von jemand** getan? → **Präsens Passiv**.

Sicherer ist aber, wenn du dir im Deutschen die Bildungsweise von Futur I und Präsens Passiv im Vergleich ansiehst und lernst:

Futur I Aktiv	(er) **wird**	**loben**
	konjugierte Form + von werden	Infinitiv

Präsens Passiv	**(er) wird**	**ge-lob-t**
	konjugierte Form + von werden	Partizip Perfekt Passiv

Das deutsche Part. Perf. Pass. (Mittelwort der Vergangenheit) ist meist an der Vorsilbe **ge**- zu erkennen: **ge**lobt, **ge**sungen.

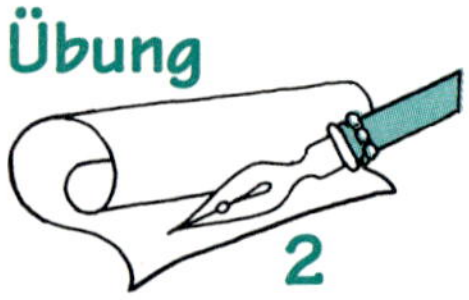

Probiere jetzt aus, ob du Zeit und Handlungsart unterscheiden kannst. Entscheide, ob Futur Aktiv oder Präsens Passiv vorliegt und übersetze dann ins Heft.

1. *sie werden mahnen* (3. Pl. Fut. Akt.) monebunt

2. er wird gelobt, 3. ihr werdet zurückgehalten, 4. ich werde retten, 5. wir werden gelobt, 6. er wird haben, 7. ich werde gemahnt, 8. ich werde gerettet, 9. sie werden gehalten, 10. wir werden haben.

Jetzt nehmen wir gleich noch das Passiv des Futur I hinzu, denn es wird ganz regelmäßig gebildet:

Tabelle 15

	Stamm	+	Zeit-Zeichen	+	Pass.-Endung	
	mone- mone- mone- mone- mone- mone-		**b** **be** **bi** **bi** **bi** **bu**		**-or** **-ris** **-tur** **-mur** **-mini** **-ntur**	ich werde ge-/ ermahnt werden
Beachte die 2. Sg.!!!	mone-		**be**		**-ris**	

Präge dir jetzt die Passivformen des Futur I gründlich ein, damit du in der nächsten Übung alles richtig machst!

G 3: Mach dir ein „Paukposter"!

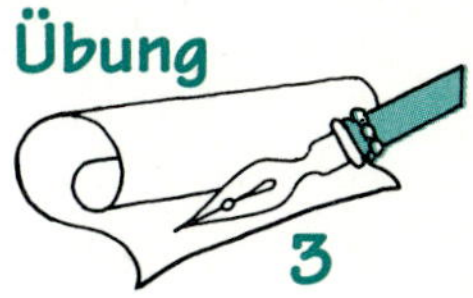

Entscheide, ob Futur Aktiv oder Passiv vorliegt und übersetze:

1. *tenebitur* er wird gehalten werden (Fut. Pass.)

2. tacebo, 3. laudabimini, 4. terrebuntur, 5. retinebitis, 6. errabunt, 7. servabimur, 8. tacebimus, 9. dabit, 10. moneberis, 11. habebis, 12. terrebor

Bei esse wird es ganz bunt:
éro, ... érit, ... érunt!

Das Futur von *esse* lernst du am besten auswendig. So richtig zum „Runterrattern"! Achte auf die Betonung:

éro ... éris ... érit ... érimus ... éritis ... érunt
(ich werde sein ..., du ...)

Übrigens: Von *esse* gibt es natürlich kein Passiv! (Im Deutschen gibt's ja auch keine Form „ich werde geseint"!)

Wenn du das Imperfekt von *esse* kennst, schließe jetzt Übung 2 auf S. 102 an!

Futur I: Alle Konjugationen

Übungsinhalt 2

***Coquemus* cibum more Romano.**
Wir werden die Speise römisch kochen.

konsonantische und gemischte Konjugation; konsonantisch/gemischte Deklination

Voraussetzung

Hast du schon einmal eine spanische, italienische oder französische Speisekarte gelesen? Dann kennst du wahrscheinlich einige der auf der nächsten Seite aufgeführten Wörter. Viele Wörter der romanischen Sprachen kannst du erschließen, ohne sie jemals gelernt zu haben – vorausgesetzt, du hast die lateinischen Vokabeln im Gedächtnis.

Lateinisch	Spanisch	Italienisch	Französisch	Deutsch
alium, i, n	ajo	aglio	ail	Knoblauch
aqua, ae, f	agua	acqua	eau	Wasser
vinum, i, n	vino	vino	vin	Wein
panis, is, m	pan	pane	pain	Brot
lac, lactis, f	leche	latte	lait	Milch
ovum, i, n	huevo	uovo	œuf	Ei
mel, mellis, n	miel	miele	miel	Honig
piper, piperis, n		pepe	poivre	Pfeffer
pullus, i, m	pollo	pollo	poule	Huhn
porrum, i, n	puerro	porro	poireau	Porree
oleum, i, n	oleo	olio	huile	Öl
pirum, i, n	pera	pera	poire	Birne
cerasum, i, n	cereza	ciliegia	cerise	Kirsche
coquere	cocer	cuòcere	cuire	kochen

Wenn du Lust hast, kannst du einmal römisch kochen. Hier ein einfaches Gericht aus dem Kochbuch des Feinschmeckers Apicius.

Wörterbild

1 ovum 2 lac 3 oleum 4 mel 5 piper 6 patella

Übung 4

Lukullisches Bilderrätsel

Schau dir zuerst das Bild genau an, um die Zutaten für das Rezept herauszufinden. Schreibe die Wörter auf Vokabelkärtchen, du kannst sie hinterher beim Kochen zu Hilfe nehmen.

Und hier nun das Rezept (ausnahmsweise auf Deutsch, du wirst nachher sehen, warum):

„Schwamm-Eier“ – Ova spongia

Text

Vier Eier verrühren, einen Viertelliter ***(hemina)*** Milch, eine Unze (***uncia*** = 30 g) Öl mischen und gut verrühren. Ein wenig Öl in eine Pfanne ***(patella)*** geben. Wenn es heiß ist, Eier hinzufügen. Wenn (das Ganze) auf einer Seite gar ist, auf eine Platte stürzen, mit Honig übergießen und Pfeffer darüber streuen.

Übung 5

Vergleiche nun das deutsche und das lateinische Rezept! Achte jetzt besonders auf die Prädikate, sie stehen nicht immer an der gewohnten Stelle, unterschlängele sie vorsichtshalber.
Preisfrage: Was ist im lateinischen Rezept anders als im deutschen?

Ova spongia ex lacte

Text

Ova quattuor, lactis heminam, olei unciam miscebis et unum corpus facies.
In patellam adicies olei modicum[1]. Cum bulliet[2], adicies ova.
Cum una parte[3] coctum[4] erit, in disco[5] vertes, melle perfundes[6], piper adsparges[7].

1 *modicum*: mäßig, ein wenig • 2 *bullire*: kochen, sprudeln • 3 *una parte*: auf der einen Seite • 4 *coctus, a*, um: gekocht, gar • 5 *discus, i*, m: hier: runde Platte • 6 *perfundere, perfundo*: übergießen • 7 *adsparges* → *aspergere, aspergo*: bestreuen

Hast du den Unterschied bemerkt? Im Deutschen ist der Infinitiv, **im Lateinischen** das **Futur für die Handlungsanweisungen** verwendet.

Übung 6

Schreibe jetzt alle lateinischen Futurformen heraus, trenne dabei Stamm, Tempuszeichen und Personenendung ab und ergänze den Infinitiv.

Beispiel:

Ova quattuor, lactis heminam, olei unciam miscebis et unum corpus facies.

→ misce-bi-s, miscere ...

Statt des Futurs wie im Lateinischen verwenden wir in deutschen Rezepten andere Verbformen:
a) **Infinitiv**: Vier Eier **nehmen**.
b) **Präsens**: Man **nimmt**/Du **nimmst** vier Eier.
c) **Imperativ**: **Nimm** vier Eier!
d) **Konjunktiv**: Man **nehme** vier Eier.

Übung 7

Verwandle jetzt die lateinischen Futurformen ins Präsens (b)!

miscebis – misces: du mischt ...

Wenn du Lust hast, kannst du das Rezept erst einmal ausprobieren und danach römisch gestärkt weiterarbeiten.

Beim Unterschlängeln der Prädikate wirst du bemerkt haben, dass hier – außer bei *miscebis* und *erit* – das **Futurzeichen -e-** vorkommt: **facies**.

Wir können also die Regel zur Bildung des Futur I nun vervollständigen:

Die **i-, die konsonantische und die gemischte** Konjugation haben als **Futurzeichen**

-a- in der **1. Pers. Sg.**
-e- in **allen anderen Formen**:

*audi-**am***	*capi-**am***	*leg-**am***
*audi-**es***	*capi-**es***	*leg-**es***

a und e –
die Zukunft bald ich seh!

bo, bi, bu –
die Zukunft bildest du!

Hier findest du das Bildungsgesetz für das Futur I in einer Übersicht, dazu die wichtigsten drei Formen als Beispiel (1. Pers. Sg., 3. Pers. Sg. und 3. Pers. Pl.):

Die Bildung des Futur I aller Konjugationen

Tabelle 16

Präs.-Stamm		+ Zeit-zeichen	+ Personen-endung	
a- und e-Konjugation			**b, bi, bu**	
1. Sg. 3. Sg. 3. Pl.	lauda- lauda- lauda-	**b** **bi** **bu**	**-o** **-t** **-nt**	ich werde loben er wird loben sie werden loben
konsonantisch/gemischte, i-Konjugation			**a, e**	
1. Sg. 3. Sg. 3. Pl.	duc- duc- duc-	**a** **e** **e**	**-m** **-t** **-nt**	**konsonantische** Konj.
1. Sg. 3. Sg. 3. Pl.	audi- audi- audi-	**a** **e** **e**	**-m** **-t** **-nt**	**i-**Konj.
1. Sg. 3. Sg. 3. Pl.	capi- capi- capi-	**a** **e** **e**	**-m** **-t** **-nt**	**gemischte** (= kurz-i-Konj.)

Das **Passiv des Futur I** kannst du dir in allen Konjugationen leicht selbst zusammenbauen, denn es ist ganz regelmäßig:

Im **Passiv des Futur I** wird **an** das **Futurzeichen die Passivendung** angehängt.

duc-	***e***	***-ntur***	sie werden geführt werden
Stamm +	Zeit-zeichen +	Passiv-endung	

Die vollständige Formentabelle findest du in deinem Lateinbuch oder in Langenscheidts Kurzgrammatik S.32–34 (rechte Spalte).

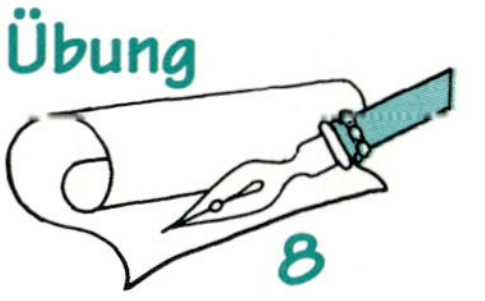

Jetzt oder später?
Überlege, ob die folgenden Handlungen in der Gegenwart oder in der Zukunft liegen. Schreibe auf die linke Seite deines Heftes die Überschrift „*nunc* – jetzt" und sammle alle Handlungen der Gegenwart. Auf der rechten Seite sammelst du die Futurformen unter der Überschrift „*postea* – später" (lateinisch–deutsch).
facis, parabis, mittet, miscet, cenabo, ero, paro, vertunt, aspergent, monent, mittent, estis, facietis, cenabitis, teretis, terretis, teritis, terret, teret, paret, parat, parebit.

nunc: jetzt	*postea:* später
facis: du machst	parabis: du wirst bereiten

Nominativ; Akkusativ; Genitiv der a-, o-, konsonantisch/gemischten Deklination

Voraussetzung

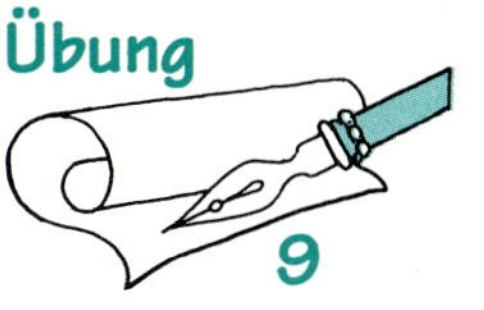

Achtung! Jetzt wird's knifflig! Hier kommt dein **Konzentrationstraining**:

Ein Reihenrätsel
Suche wieder die Form, die aus der Reihe tanzt, und erkläre in Stichworten, inwiefern sie sich von den anderen vier unterscheidet:
Beispiel: X
1. *vides, ludes, migras, es, adicis.*

ludes = Futur, alle anderen Präsens.

2. *iudices, facies, cenabis, eris, vertes.*
3. *ludunt, migrant, sunt, mittent, vident.*
4. *mensam, aviam, faciam, matrem, portam.*
5. *erit, coquet, monet, parabit, adiciet.*
6. *terretis, hortis, paratis, mittitis, estis.*

Übung 10

Correctus und Corruptus – Der Lehrer und sein komischer Schüler

Lateinlehrer Correctus freut sich natürlich nicht gerade, wenn er in den Klassenarbeiten Fehler findet. Nur wenn er die komischen Übersetzungen von Schüler Corruptus liest, könnte er sich manchmal kringelig lachen. Der Bursche konstruiert wahrhaftig einen Sinn, nur hat der oft nichts mit dem lateinischen Text zu tun.

Diesmal nimmt Schüler Corruptus zwar das Futur total ernst und übersetzt haargenau wörtlich. Dafür geht ihm aber allerhand anderes durcheinander. Korrigiere Corruptus' Übersetzung und versuche, mit der „Probe hin und zurück" (S. 131) die Fehlerursachen zu finden!

Scharfe Disco

1. Du wirst vier (Knollen) Knoblauch, ein Ei und modischen Honig mischen.
2. Auf den Plattenteller wirst du verhunztes Öl draufwerfen.
3. So wirst du eine Leiche machen.
4. Mit einer Partnerin wirst du kochen und dich in der Disco drehen.

Text

1. Allium, quattuor ova mellisque modicum miscebis.
2. In patellam olei unciam adicies.
3. Ita unum corpus facies.
4. Cum una parte coctum erit, in disco vertes.

C 3. Imperfekt

Übungsinhalt

Imperfekt Aktiv und Passiv

Consules quotannis creabant.
Sie wählten die Konsuln jährlich.

Voraussetzung

Satz 1–4: Imperfekt Aktiv a- und e-Konjugation;
Satz 6–8: Imperfekt Aktiv und Passiv aller Konjugationen; konsonantisch/gemischte Deklination

Übung 1

Hier erfährst du einiges über römische Ämter. Unterschlängele zuerst wieder die Prädikate und übersetze dann die Beschreibung der jährlich veranstalteten Wahlen.

Text

Wer durfte wählen?

1. Antiquis temporibus Romani in Campo[1] Martio comitia[2] habebant.
2. Ibi populus Romanus quotannis consules aliosque honores[3] creabat.
3. Romani consules ex ordine senatorio creare solebant.
4. Viri liberi ius suffragii[4] habebant.
5. Neque feminis neque servis deligere[5] licebat.

Voraussetzung

Text

6. Filii cum patribus in Campum Martium veniebant, nam pueri consules videre et audire cupiebant; sed feminae filiaeque domi manere debebant.
7. Primo viri candidati[6] orationes habebant, tum alii sententias dicebant. Semper magnus clamor erat.
8. Tandem suffragium habebatur: cives tabellas[7] dabant, tabellae numerabantur.
9. Multis horis post consules tandem nominabantur. (81 Wörter)

1 *Campus Martius*: Marsfeld • 2 *comitia, orum*, n (Pl.): Volksversammlung zur Wahl • 3 *honor, honoris*, m: Ehre, Ehrenamt • 4 *suffragium, i*, n: Wahl, Abstimmung; ius suffragii: Wahlrecht • 5 *deligere*: wählen, ‚Delegierte' wählen • 6 *candidatus, a*, um: mit einer weißen Toga bekleidet (die „Kandidaten" trugen eine Toga ohne Purpurstreifen) • 7 *tabella, ae*, f: Stimmtäfelchen

Populus consules magno cum clamore salutare solebat.

Die Bildung des Imperfekts der a- und e-Konj. wird dir wenig Schwierigkeiten machen, denn sie ist regelmäßig und daher leicht zu merken:

Das **Imperfekt der a-/e-Konjugation** wird mit dem Imperfektzeichen -ba- gebildet.

crea- *habe-*	***ba*** ***ba***	*-t* *-nt*	er wählte sie hatten
Stamm +	Zeitzeichen +	Endung	

Das **Imperfekt von** ***esse*** lernst du am besten wieder auswendig, zum „Runterrattern". Achte wie beim Futur auf die Betonung:
éram ... éras ... érat ... erámus ... erátis ... éránt.

V 11: Bau dir ein „Vokabel-Trimm-dich-Gerät"!

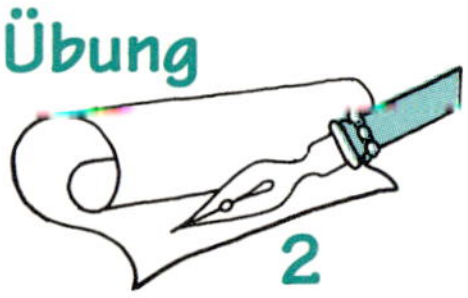

Ein „Verwechsel-mich-nicht!"-Spiel

Mit den Verben ***esse*** und ***errare*** kann man herrliche Spielchen treiben! Nimm dazu Karteikarten, wie du sie für deine Vokabelmaschine nach unserer Tipps-und-Tricks-Methode benutzt. Schreibe auf die Vorderseite das lateinische, auf die Rückseite das deutsche Wort und bestimme die Form:

erat, errabat, eram, errabam, errabant, erant, eratis, errabamus.

Kennst du auch das Futur von ***esse*** und ***errare***? Dann kannst du das Spiel noch erweitern, indem du auch die folgenden Wörter auf Kärtchen schreibst und bestimmst:

erras, eris, errabis, erro, ero, errabo, erunt, errabunt, eritis, erratis, errabimus, erit, errat.

Jetzt mische alles gut durch und frag dich selbst ab . . . oder

V 16: Lass dich abfragen!

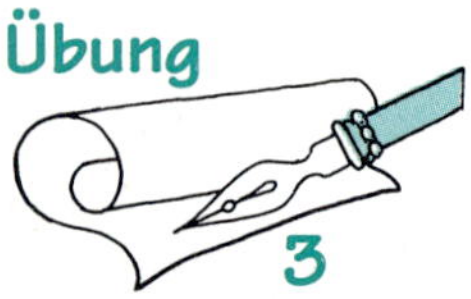

Auch ***habitare*** (wohnen) und ***habere*** (haben, halten für, abhalten) eignen sich für ein „Verwechsel-mich-nicht"-Spiel. Probiere aus, ob du sie unterscheiden kannst. (Achtung: Zur Übung und Wiederholung habe ich hier gleich Imperfekt und Präsens gemixt!)
Lies die Formen laut, damit sie sich mit der Betonung einprägen:
Übers Gehör ins Gehirn!!

V 7: Lerne immer laut!

Übersetze und bestimme dann:

1. hábito, 2. habébam, 3. habitábat, 4. habebámus, 5. hábitas, 6. hábeo, 7. habébant, 8. hábitant.

Die Formen ***habebant*** und ***dicebant*** sehen auf den ersten Blick „wie Geschwister" aus, erst beim zweiten Blick bemerkt man, dass sie aus **verschiedenen Familien** stammen: ***habebant*** gehört zur **e-Konjugation**, ***dicebant*** zur **konsonantischen Konjugation**, wie du in der 1. Pers. Präsens Aktiv erkennen kannst: ***habe-o***, ***dic-o***. Wenn wir die beiden Imperfekte zerlegen, sieht das so aus:

habe-	***ba***	***-nt***
dic-	***e-ba***	***-nt***
Stamm +	Zeitzeichen +	Endung

Die Bildung des Imperfekts der i-, der konsonantischen und gemischten (= kurz -i-) Konjugation

Stamm +	Zeitzeichen +	Endung	
audi-	*e-ba*	*-nt*	sie hörten
duc-	*e-ba*	*-nt*	sie führten
capi-	*e-ba*	*-nt*	sie fingen/fassten

Wiederhole vor der nächsten Übung zur Sicherheit noch einmal das Imperfekt Aktiv und Passiv aus deinem Buch oder aus der Langenscheidt Kurzgrammatik S. 32–34.

In den nächsten Übungen sollst du die Formen nämlich selbst bilden:

Selber bilden macht fit!

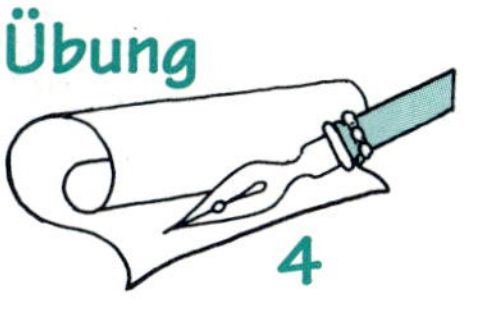

Versetze die angegebene Handlung in die Vergangenheit und übersetze die Imperfektform:

Präsens	**Imperfekt Aktiv**
1. audio	audiebam: ich hörte
2. creamus	
3. ducis	
4. dicunt	
5. habetis	
6. cupit	
7. dicit	
8. audiunt	
9. laudant	
10. mitto	

Auch das Passiv (Endung wie im Präsens) braucht ein bisschen Übung:

Präsens	**Imperfekt Passiv**
11. creantur	creabantur: sie wurden geschaffen
12. duceris	
13. audimini	

14. *mittor* ____________________

15. *cupitur* ____________________

16. *monemur* ____________________

17. *audiris* ____________________

18. *audiuntur* ____________________

Voraussetzung e- und u- Deklination

Übung 5

Corruptus und Correctus

In Corruptus' Übersetzung hat es diesmal doch glatt eine römische Revolution der Frauen gegeben! So etwas hatte Lehrer Correctus ja noch nie gelesen! . . .

Korrigiere Corruptus' Fehler und versuche wieder, mit der „Probe hin und zurück" (S. 131) die Fehlerursachen zu finden.

1. Die Konsuln gingen ins neue Kapitol und opferten den Stier des Jupiter.
2. Sobald sie ihren Lastern gefrönt hatten, wollten sie neue Altäre, Marmortempel und alle Dinge.
3. Im Forum sahen die Zivis den gierigen römischen Magistraten.
4. Da wollten auch die Frauen es wagen, wie Beamte zu leben.
5. Als ihre Männer zur Rednertribüne kamen, schrien sie: „Wir wollen auch Brot und Spiele!"
6. Die Zivis applaudierten kräftig mit den Händen.

Text

1. Consules novi in Capitolium ascendebant et Iovi taurum immolabant.
2. Ibi vota faciebant, aut aram marmoream aut templum novum aut alias res vovebant.
3. In foro cives Romani cupide magistratus exspectabant.
4. Tum etiam feminae magistratus audire et videre cupiebant.
5. Cum maritis ad rostra veniebant et gaudebant: „Panem et circenses!"
6. Manus civium valde applaudebat.

Schreibe die „Verwechsel-mich-nicht"-Wörter aus Corruptus' Text auf Kärtchen und lerne sie!

V 11: Benutze das „Vokabel-Trimm-dich-Gerät"!

Das Imperfekt wird dir in lateinischen Texten sehr häufig begegnen. Wann und wie das geschieht, wirst du im nächsten Kapitel erfahren. Dort gibt es auch noch einige Übungen. Jetzt klapp dein Buch zu und versetze die ganze Überei vorübergehend in die Vergangenheit!

4. Perfekt

C

Perfekt Aktiv

Übungsinhalt 1

Heri optime cenavi.
Gestern habe ich sehr gut gegessen.

a- und e-Konjugation: v- und u-Perfekt

Voraussetzung

Wir wollen jetzt zunächst einmal herausfinden, was das deutsche Perfekt und das lateinische Perfekt gemeinsam haben.

Lateinisches Perfekt und deutsches Perfekt

In einigen Fällen wird das **lateinische Perfekt** genauso verwendet **wie das deutsche Perfekt**:

1. als **vollendete Gegenwart im Zusammenhang mit dem Präsens**

Das Essen, das wir auf römische Art	**zubereitet haben**,	ist gut.
Cibus, quem more Romano	**paravimus**,	bonus est.
	Perfekt	Präsens Gegenwart

↓ vollendete Gegenwart (**„vorzeitige"** Handlung, die **vor** der Haupthandlung abgeschlossen ist) ←

2. in **Gesprächen**, bei **wörtlichen Reden** (mündlicher Sprachgebrauch)
„Hast du gut gegessen?" „Ich habe sehr gut gegessen."
„Nonne bene cenavisti?" „Optime cenavi."

3. bei **Feststellungen** und **Ergebnissen**:
Er hat sich um das Vaterland verdient gemacht.
De patria bene meruit.

Soweit stimmen das Lateinische und das Deutsche überein. Aber es gibt wichtige Unterschiede zwischen lateinischem und deutschem Perfektgebrauch. Das sehen wir uns kurz an, bevor wir mit dem Üben der Formen anfangen.

Imperfekt und Perfekt als Erzähltempus

Im vorigen Kapitel hast du erfahren, was „alle Jahre wieder" in Rom bei den Wahlen geschah:

Consules creabant. Sie wählten Konsuln.

Das Prädikat steht im **Imperfekt**[1], das eine **wiederholte Handlung** („jedes Jahr") oder **länger andauernde Zustände** bezeichnet.

Imperfekt: Zustände wie im alten Rom!
ba, ba, ba, das war schon länger da!

In diesem Kapitel erfährst du von einem neu eintretenden Ereignis:

Hoc anno hominem novum creaverunt.
In diesem Jahr wählten sie einen homo novus.

Im Lateinischen steht das **Perfekt**[2], weil eine **neu eintretende, einmalige, abgeschlossene Handlung** vorliegt.

Das Perfekt kam so fix, von Dauer war da nix!

Im Lateinischen dienen die **Tempusformen Imperfekt und Perfekt** auch zur Bezeichnung der **Aktionsart**, d. h. **der Art der Handlung**. Das Perfekt wird im Lateinischen hauptsächlich als Erzähltempus verwendet.
Im Deutschen können wir die Aktionsart nicht durch die Form des Verbs ausdrücken, denn es gibt **nur eine Erzählform der Vergangenheit**: **das Praeteritum**[3].

1 *im-perfectum*: das Un-vollendete • 2 *perfectum*: das Vollendete • 3 *praeter-itum*: das Vorübergegangene. In manchen Grammatiken wird das deutsche Präteritum auch Imperfekt genannt.

Allerdings kennt die Umgangssprache eine Redewendung, die dem lateinischen Imperfekt ziemlich genau entspricht, du könntest sie als „Hilfsübersetzung“ nutzen: „Er **war am Schlafen**, als der Lehrer ihn aufrief.“

In der Hochsprache benutzen wir **Adverbien** zur genaueren Bezeichnung von Handlungen: „Er schlief **gerade**, als der Lehrer ihn aufrief.“

Genaueres über die Aktionsarten erfährst du auf S. 114 bis 117.
Bevor wir jetzt die Perfektformen üben, noch eine Absprache:

Lateinische Einzelformen des Perfekt übersetzen wir in unseren Übungen immer auf **zwei Arten**: mit dem

deutschen Perfekt und mit dem **Präteritum** („Imperfekt“).
laudavit: er **hat gelobt**/er **lobte**

Und jetzt ran an die Perfektformen:

v-Perfekt und u-Perfekt

a- und e-Konjugation

Voraussetzungen

Mit Hilfe eines **Zeitzeichens v oder u** wird der **Perfektstamm** gebildet. An den Perfektstamm tritt eine **eigene Perfektendung**:

lauda v **hab u**	**-erunt** **-erunt**
Perfektstamm	**Perfektendung**

Lerne die Perfektendungen auswendig „zum Runterrattern“:

Perfektendungen:
-i, -isti, -it; imus, -istis, érunt.

Dazu etwas Erfreuliches: In der **a- und e-Konjugation** gibt es viele Beispiele für das regelmäßige **v- und u-Perfekt**.

Die meisten Verben der **a-Konj.** bilden ein **v-Perfekt.**
Die meisten Verben der **e-Konj.** bilden ein **u-Perfekt.**

Aber das ist leider nicht immer so, deshalb musst du das Perfekt bei den Vokabeln mitlernen! Das hört sich so an:

laudare … laudo … ***laudavi*** *…*
habere … habeo … ***habui*** *…*
…

Und hier kommt jetzt gleich der erste Knüller: unser bekanntes und beliebtes Hilfsverb esse. Hier lautet der **Perfektstamm fu-**!

esse . . . sum . . . fui

Diese drei Verben schreiben wir jetzt einmal vollständig im Perfekt auf:

Tabelle 17

	v-Perf.	u-Perf.	esse	
Sg. 1. P.	laudav -i	habu -i	fu -i	ich bin gewesen/ war
2. P.	laudav -isti	habu -isti	fu -isti	du bist gewesen/ warst
3. P.	laudav -it	habu -it	fu -it	er ist gewesen/ war
Pl. 1. P.	laudav -imus	habu -imus	fu -imus	wir sind gewesen/ waren
2. P.	laudav -istis	habu -istis	fu -istis	ihr seid gewesen/ wart
3. P.	laudav -erunt	habu -erunt	fu -erunt	sie sind gewesen/ waren

Lerne die Formen vor der nächsten Übung!

V 16: Lerne mit anderen zusammen!
G 3: Mach dir ein „Paukposter"!

Übung

Nun kann's losgehen: Verwandle das Präsens ins Perfekt und übersetze (im Deutschen: Perfekt und Praeteritum):

1. *servat:* servavit er hat gerettet, er rettete

2. cenas, 3. sunt, 4. monetis, 5. creamus, 6. es, 7. paro, 8. accusat, 9. monent, 10. habes.

Übung

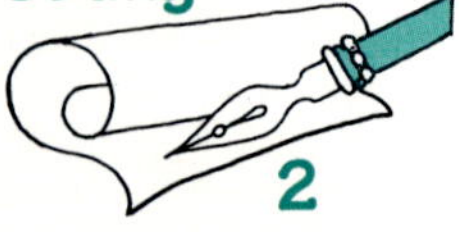

Übersetze und bestimme:

1. *erravit:* er hat geirrt, er irrte 3. Pers. Sg. Perf.

2. fui, 3. eram, 4. paraverunt, 5. estis, 6. fuisti, 7. eras, 8. erravistis, 9. terruit.

Jetzt hast du dir wieder ein bisschen Unterhaltung verdient:

Die Rätselpyramide

Fülle die Pyramide mit den lateinischen Übersetzungen für die unten angegebenen Wörter aus, und zwar waagerecht, oben beginnend:

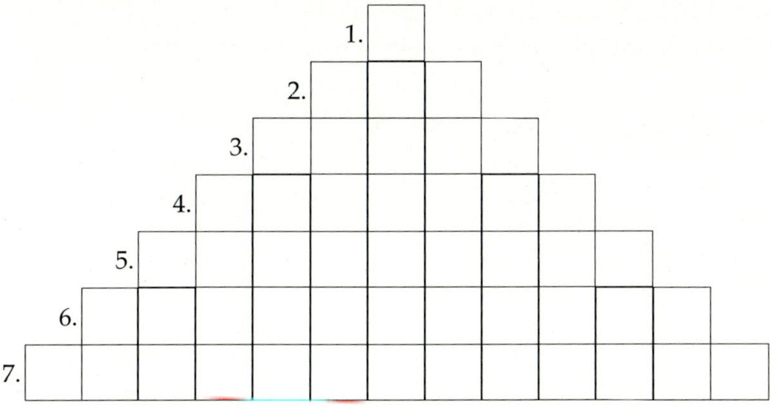

1. Ausruf der Bewunderung; 2. ich bin gewesen; 3. sie waren (Imperfekt); 4. er hat bereitet; 5. du hast erschreckt; 6. wir haben angeklagt; 7. ich habe mich genähert.

Wenn du alles richtig rätst, befinden sich in der senkrechten Mittelspalte nur Vokale!

Falls du noch ein wenig üben willst, schreibe die Formen wieder auf Kärtchen, mische sie mit denen, die du schon hast, und übersetze alles noch einmal kreuz und quer!

V 11: Bastel dir ein „Vokabel-Trimm-dich-Gerät" für Verbformen!

Perfekt Aktiv und Passiv; s- und Dehnungsperfekt; Aktionsarten

Übungsinhalt 2

Hominem novum*[1] *consulem dixerunt.
Sie ernannten einen homo novus[1] zum Konsul.

Konsonantische Deklination; konsonantische Konjugation

Voraussetzung

Du hast schon erfahren, was bei den jährlich stattfindenden Wahlen üblicherweise geschah. In der folgenden Geschichte kannst du nun lesen, wie in einem Jahr plötzlich etwas Ungewöhnliches, Neues eintrat.

1 *homo novus*: neuer Mann, Emporkömmling plebejischer Herkunft, der als Erster seiner Familie ein politisches Amt erreicht

Übung 4

Unterschlängele zuerst wieder die Prädikate und übersetze dann.

Text

Wer gewann die Wahl?

1. Hoc[1] anno homo[2] novus munus[3] consulis petivit.
2. Candidatus novus orationem optimam[4] habuit, verba iusta et vera dixit.
3. Populus Romanus valde applausit, unus ex populo vocavit:
4. „Non solum verba vera dixit, sed etiam bene[5] de populo meruit! Panem[6] et circenses paravit! Miseris adfuit et sceleratos[7] accusavit!"
5. Subito magnus clamor fuit: Cuncti sententiam probaverunt[8].
6. Multa verba pro homine novo dicta sunt.
7. Itaque non duo viri patricii[9] electi sunt, sed homo novus cum collega patricio consul creatus est. (75 Wörter)

1 *hoc anno*: in diesem Jahr • 2 *homo novus*: neuer Mann, Emporkömmling plebejischer Herkunft, der als Erster seiner Familie ein politisches Amt erreicht • 3 *munus, muneris*, n: Amt, Aufgabe, Geschenk • 4 *optimus, a*, um: beste, sehr gut • 5 *bene merere de*: sich sehr verdient machen um • 6 *panem et circenses*: Brot und Spiele (Wer sich um ein Amt bewarb, brauchte viel Geld für solche Veranstaltungen und Spenden.) • 7 *sceleratus, i*, m: Übeltäter, Verbrecher • 8 *probare*: billigen • 9 *vir patricius*: Patrizier, Adliger

Übung 5

Schreibe aus dem Text alle **Perfektformen** heraus und trenne dabei die **Personenendung** ab. So kannst du gut die Perfektbildung erkennen.
Vertausche dann **Sg.** und **Pl.**! (Achtung beim Vokal: **i/e**)

Satz

1 petiv-it (Sg.) petiv-erunt (Pl.)

Beim Herausschreiben der Prädikate müssten dir Perfektstämme aufgefallen sein, die nicht in unsere bisherige Regel (S. 107) passen! Sehen wir uns einmal zwei Beispiele an:

dix it (aus dic-sit entstanden) ***applaus it*** (aus applaud-sit entstanden)

Du siehst, in beiden Fällen wird der **Perfektstamm** ursprünglich mit Hilfe eines **-s-** gebildet, deswegen heißt diese Form **s-Perfekt**.

Veni, vidi, vici!

Hier sind die **Perfektformen** durch einen **langen Vokal** vom Präsens unterschieden. Diese Art der Perfektbildung heißt **Dehnungsperfekt**. Achtung: Diese verschiedenen Perfektbildungen können in allen Konjugationen auftreten! Da hilft nur eins: Man muss sie konsequent bei den Vokabeln mitlernen! Zwischenfrage: Die Perfektendungen kennst du noch? Sonst wiederhole sie auf S. 107 für die nächste Übung:

Übung 6

Verwandle die Präsensform ins Perfekt und übersetze:

1. vides vidisti du hast gesehen, du sahst

2. applaudunt, 3. vinco, 4. dico, 5. venitis, 6. videmus, 7. venis, 8. dicit.

Perfekt Passiv

v-, u-, s-, Dehnungsperfekt Aktiv und Passiv

Voraussetzung

Die Passivformen des Perfekts bestehen im **Lateinischen** aus **zwei**, im **Deutschen** aus **drei** Teilen:

1 *creatus* *electi*	2 *est* *sunt*
Part. Perf. Pass. (PPP)	Präs. von esse

 er sie	2 **ist** **sind**	1 **gewählt** **gewählt**	3 **worden** **worden**
	Präs. von sein	Part. Perf. Pass. (PPP)	„worden"

Das **Partizip Perfekt Passiv** (PPP) wird von einem eigenen Stamm des Verbs („**Supinstamm**") gebildet, den du aus dem Vokabelverzeichnis entnehmen kannst.

Deswegen heißt es ab jetzt für dich:
Die **1. Pers. Sg. Perfekt Aktiv** und das **Partizip Perfekt Passiv** müssen bei den Vokabeln als sogenannte **Stammformen mitgelernt** werden, z. B.:

*creo, crea**vi**, crea**tum**.   eligo, ele**gi**, ele**ctum**.*

Nun müssen wir noch eine Besonderheit des lateinischen Prädikats im Perfekt Passiv genauer betrachten und üben:

Im **Deutschen** bleibt das **Partizip Perfekt Passiv** (PPP) des Prädikats **unverändert**:
Der Mann ist **gewählt** worden, die Frauen sind nicht **gewählt** worden.

Im **Lateinischen kongruiert das Partizip Perfekt Passiv** des Prädikats **mit dem Subjekt**:
Das **Partizip Perfekt Passiv** steht wie das Subjekt **im Nominativ**, übernimmt **Numerus und Genus des Subjekts**.

Homo creat-**us** est.   Feminae non creat-**ae** sunt.

Dabei wird das Partizip Perfekt Passiv behandelt wie die **Adjektive der a-/o-Deklination** (S. 65):

Bei den **Feminina** geht das Partizip Perfekt Passiv nach der **a-Dekl.**:
*Mater duc**ta** est.*

Bei den **Maskulina** und **Neutra** nach der **o-Dekl.**:
*Pater duc**tus** est.*

Nun kannst du die Perfektformen zusammensetzen wie ein Puzzle. Tabelle 18 zeigt dir jetzt noch einmal ein vollständiges Beispiel, in Lateinisch und Deutsch. Lerne auch die deutschen Formen mit, wenn du sie nicht genau kennst.

Tabelle 18

	Perfekt Aktiv		**Perfekt Passiv**	
1.	dúxi	ich habe geführt ich führte	ductus sum	ich bin geführt worden ich wurde geführt
2.	duxísti	du hast geführt du führtest	ductus es	du bist geführt worden du wurdest geführt
3.	dúxit	er hat geführt er führte	ductus est	er ist geführt worden er wurde geführt
1.	dúximus	wir haben geführt wir führten	ducti sumus	wir sind geführt worden wir wurden geführt
2.	duxístis	ihr habt geführt ihr führtet	ducti estis	ihr seid geführt worden ihr wurdet geführt
3.	duxérunt	sie haben geführt sie führten	ducti sunt	sie sind geführt worden sie wurden geführt

V 15: Bau dir ein „Sprachlabor“!
V 18: Spiel mal wieder!

Übung 7

Ergänze bei den folgenden Verben, **wie** das Perfekt Aktiv gebildet wird! Schreibe die Verben auf Vokabelkärtchen:

auf die Vorderseite nur die **1. Sg. Präs. Akt.**, auf die Rückseite **Stammformen** und **Übersetzungen**, wie sie hier angegeben sind!

Vorderseite	Rückseite	Perfektbildung:
peto	petivi petitum petere – erstreben, zu erreichen suchen	v-Perfekt
habeo	habui habitum habere – haben, halten für	________
dico	dixi dictum dicere – sagen, sprechen	________
adsum	adfui – adesse – dasein, anwesend sein, helfen	________
eligo	elegi electum eligere – auslesen, wählen	________
mitto	misi missum mittere – schicken	________
duco	duxi ductum ducere – führen	________
venio	veni ventum venire – kommen	________
video	vidi visum videre – sehen	________
vinco	vici victum vincere – siegen	________

V 1: Lerne mit festem Rhythmus!
V 16: Lerne mit anderen zusammen!

Übung 8

Zur Abwechslung jetzt ein **Baumrätsel**:
Fülle den Rätselbaum mit lateinischen Wörtern, waagerecht, von oben beginnend. In den Zeilen mit den schwarzen Feldern besteht die Verbform aus zwei Teilen.

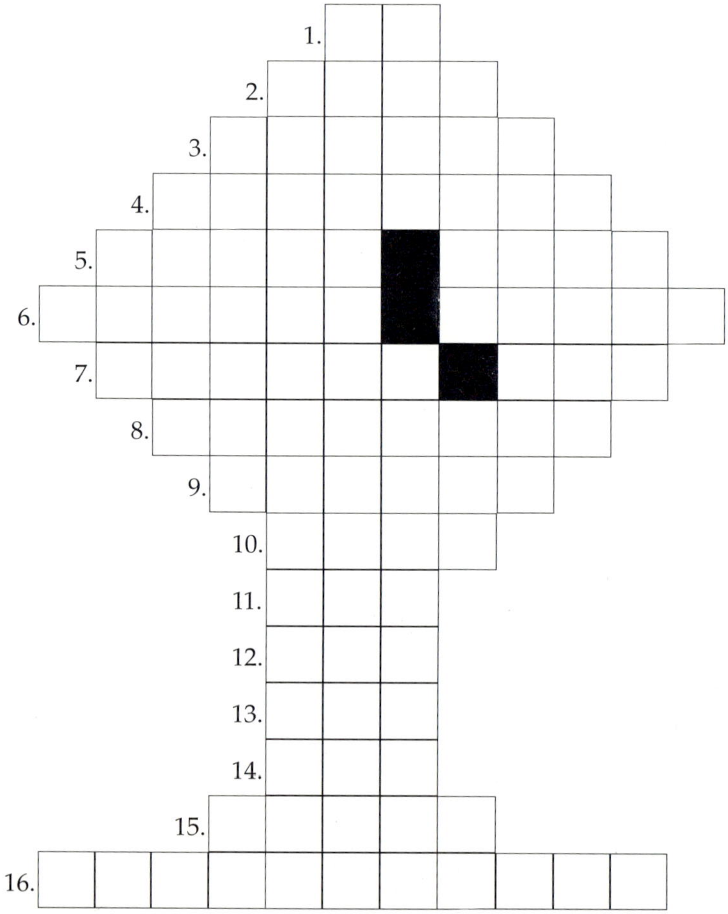

1. du bist; 2. ich habe gesagt/sagte; 3. er hat gehabt/hatte; 4. sie haben gesiegt/siegten; 5. sie sind geführt worden/wurden geführt; 6. wir sind ausgewählt worden/wir wurden ausgewählt; 7. er ist geschickt worden/wurde geschickt; 8. sie haben geschickt/schickten; 9. er siegt; 10. er ist gewesen/war; 11. ich bin; 12. führe!; 13. er ist; 14. ich werde sein; 15. du irrst; 16. ihr werdet wohnen.

Die Bedeutung von Perfekt und Imperfekt im Lateinischen: Aktionsarten

Veni, vidi, vici!

Cäsars Aussage *„Veni, vidi, vici!“* ist berühmt wegen der Kürze. „Ich kam, sah, siegte!“ So schnell ging das! Hätte Cäsar ein Perfekt wie im Deutschen benutzt: „Ich bin gekommen, ich habe gesehen, ich habe gesiegt“, ... dann hätte er bei so viel Umständlichkeit wahrscheinlich nie gesiegt.

Jetzt, nachdem du fit in den Formen des Perfekt bist, müssen wir uns noch ein bisschen damit befassen, was im Lateinischen anders ist als im Deutschen, **wann der Lateiner das Perfekt oder das Imperfekt benutzt** und **was** er damit **ausdrücken** will. Folgendes Beispiel macht das deutlich. Es handelt sich um zwei Sätze, die nach der deutschen Übersetzung dasselbe ausdrücken:

Es **war** Lärm/Geschrei. { *Clamor **erat**.* / *Clamor **fuit**.* }

Für den Lateiner besteht aber ein Unterschied, Adverbien machen es deutlicher:

***Semper** clamor **erat**:*	Es **war immer** Lärm. = Es **herrschte** immer Lärm.	**(Imperfekt)**
***Subito** clamor **fuit**:*	**Plötzlich war** Lärm. = Plötzlich **entstand** Lärm.	**(Perfekt)**

Wenn wir im Deutschen solche Unterschiede hervorheben wollen, benutzen wir häufig verschiedene Verben, nicht verschiedene Tempusformen wie das Lateinische.
Bei einer Übersetzung aus dem Lateinischen ins Deutsche wirst du vieles, ohne groß nachzudenken, aus dem Sprachgefühl richtig wiedergeben. Fehlerfrei **ins** Lateinische übersetzen wirst du nur, wenn du die Regeln kennst.

Die Tempora in Erzählungen der Vergangenheit

Im **Deutschen** wird als **Erzählzeit der Vergangenheit** das **Präteritum** („Imperfekt“) verwendet: Es **war** einmal ...
Dabei spielt die **Art der Handlung keine Rolle**.

Im **Lateinischen** erscheinen sowohl **Perfekt** als auch **Imperfekt** als **Erzählzeiten**. Sie bezeichnen aber verschiedene Arten der Handlung, **verschiedene Aktionsarten:**

Imperfekt: linear	*Semper clamor **erat**.* a) **wiederholte** Handlung b) **gerade** (länger) **andauernde** Handlung
Perfekt: punktuell	*Subito clamor **fuit**.* a) **neu eintretende** Handlung b) **einmalige** Handlung c) **abgeschlossene** Handlung

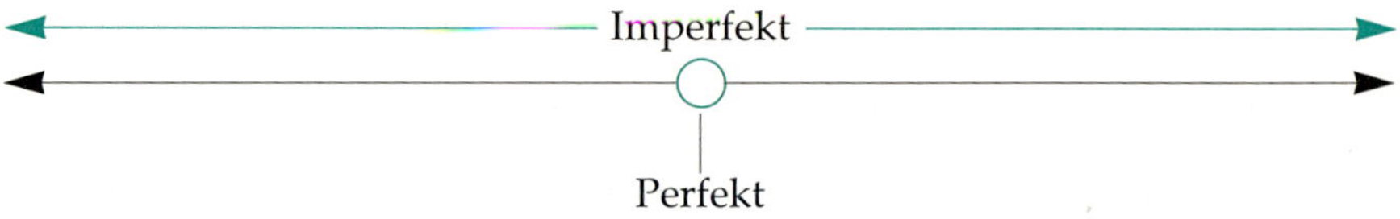

Bei der Übersetzung aus dem **Deutschen** gibt es oft kleine **Hinweise**, Signalwörter, die die **Aktionsart** anzeigen. Meist sind es **Adverbien**.

Übung 9

Übersetze einmal die folgenden Adverbien und ordne sie dann danach, ob sie auf eine **lineare Handlung (Imperfekt)** oder eine **punktuelle Handlung (Perfekt)** hinweisen.

subito, iam diu, tum, statim, nunc, semper, saepe.

linear (Imperfekt)	punktuell (Perfekt)
1. ____________	1. ____________
2. ____________	2. ____________
3. ____________	3. ____________
	4. ____________

Imperfekt: Zustände wie im alten Rom!

Das Perfekt kam so fix, von Dauer war da nix!

Übung 10

Sie sagten und mahnten

Setze den Adverbien entsprechend das richtige Tempus von *dicere* und *monere* ein und begründe die Wahl des Tempus aus der auf S. 115 genannten Regel.

da/dann, schon lange, nun, immer, sofort, oft, plötzlich.

da, dann tum dixerunt et monuerunt

(neu eintretende/abgeschlossene Handlung)

Jetzt kommt der große Abschlusstest zu Perfekt und Imperfekt Aktiv und Passiv. Wenn du hier alles richtig machst, kannst du für heute aufhören und dich eine Weile auf deinen Lorbeeren ausruhen. Übermorgen geht´s dann weiter. Wenn du noch Fehler gemacht hast, wiederhole am besten einige Übungen. – Aber erst morgen!

Übung 11

Zustände oder Ereignisse im römischen Reich?
Ergänze das Prädikat im Aktiv oder Passiv – entsprechend der linearen oder punktuellen Aktionsart – und übersetze! In einigen Sätzen gibt es eine Angabe, die dir die Entscheidung zwischen Perfekt und Imperfekt erleichtert:

Die ____________ beweisen, dass es sich um ____________ handelt.

1. Latini in montibus ad Tiberim sitis ____________ **(habitare)**.
2. Consules rem publicam Romanam ____________ **(gerere: regieren)**, sed in bello dictatorem ____________ **(dicere: ernennen)**.
3. A Hannibale elephanti trans Alpes ____________ **(ducere)** (218 v. Chr.).
4. Frumentum ex Aegypto Romam ____________ **(transportare)**.
5. Navigia Romana per oceanum ad Britanniam ____________ **(venire)**.
6. Spartacus servos liberare ____________ **(temptare)** (73 v. Chr.).
7. Cicero homo novus consul ____________ **(creare)** (63 v. Chr.).
8. Livii (59 v.–17 n. Chr.) libri toto in imperio noti ____________ **(esse)**.
9. Pompeius piratas ____________ **(vincere)** et navigia eorum ____________ **(delere)** (67 v. Chr.).
10. Liberi divitum (der Reichen) a servis Graecis ____________ **(educare)** et linguam Graecam ____________ **(discere: lernen)**.
11. Caesar ____________ **(dicere)**: „____________, ____________, ____________!" **(venire, videre, vincere)** (47 v. Chr.).
12. Brutus et Cassius Caesarem ____________ **(necare)** (44 v. Chr.).

(78 Wörter)

C

5. Plusquamperfekt

Übungsinhalt

Plusquamperfekt Aktiv und Passiv

Cenam more Romano praeparaverant.
Sie hatten ein Essen auf römische Art vorbereitet.

Voraussetzung Übung 1–2: u- und v-Perfekt; Übung 3: s- und Dehnungsperfekt

Etwas Erfreuliches: Wenn du das umfangreiche und nicht ganz leichte Kapitel Perfekt durchgearbeitet hast, wird das Plusquamperfekt für dich direkt eine Erholung sein; denn hier ist alles genauso **wie im Deutschen**.
Außerdem sind die Formen schön eindeutig als Plusquamperfekt zu erkennen:

Plusquamperfekt			
Aktiv		**Passiv**	
laudav monu	-erat -erat	laudatus monitus	erat erat
Perfekt-stamm	Imperfekt von esse	Partizip Perfekt Passiv	Imperfekt von esse
er hatte gelobt er hatte gemahnt		er war gelobt worden er war gemahnt worden	

Das Plusquamperfekt wird meist in Nebensätzen gebraucht und bezeichnet die vollendete Vergangenheit oder Vorvergangenheit:

Das Essen, das wir auf römische Art	**zubereitet hatten,**	**war** gut.
Cibus, quem more Romano	***praeparaveramus,***	*bonus **fuit**.*
		Perfekt **Vergangenheit**
	Plusquamperfekt **Vorvergangenheit** („vorzeitige" Handlung, die vor dem Perf. liegt.) ◄	

Hier brauchen wir keine schwierigen Unterschiede zu üben. Wir können ein bisschen Rätsel raten: Einmal quer durch alle Tempora!

Übung 1

Ein Rätselkamm

Fülle den Kamm mit lateinischen Wörtern, die immer vom Ursprungswort ***creaverat*** senkrecht nach unten führen:

1.	2.	3.	4.	5.	6.	7.	8.	9.
C	R	E	A	V	E	R	A	T

1. sie hatten gespeist; 2. er hat regiert/regierte (regere wie ducere); 3. er hatte erzogen (educare); 4. ich habe geliebt/liebte (regelmäßig, a-Konj.); 5. sie hatten gerufen; 6. ich habe hinausgeführt/ich führte hinaus; 7. er hatte zurückgehalten; 8. ich werde lieben; 9. sie hatten erschreckt.

Übung 2

Kriminalistische Überlegungen zur Tatzeit

Richter müssen immer wieder **zeitliche Abläufe von Handlungen** rekonstruieren: Mit Scharfsinn müssen sie das **Wann?** und **Wie?** der Tatzeit ermitteln. Ideale Voraussetzung für solche kriminalistischen Überlegungen ist die Beherrschung der lateinisch-deutschen Tempora!

Dazu hier ein Trainung – nicht nur für künftige Juristinnen und Juristen:
Wir prüfen – wie ein Richter – die Prädikate von Zeugenaussagen auf das **Wann?** und **Wie?** der Tat:

1. Was kommt **nach** der Tat? (Präsens und Futur interessieren uns diesmal nicht, du kannst diese Formen durchstreichen!)
2. **Was für eine** Tat liegt vor?
   a) **Wiederholungs**delikt? **Zustände** im Umfeld des Täters?
   (Imperfekt) oder aber
   b) **erstmalige, einmalige** Tat?
   (Perfekt)
3. Was **war schon vor** der Tat **geschehen**?
   (Plusquamperfekt)

Auf Nummer 3 kommt es heute besonders an, diese Form übersetzen wir dann auch. Ordne jetzt die folgenden Prädikate nach „Tatzeiten" ein!

eligunt, elegerant, eligebant, elegerunt.
adest, aderat, adfuerat, adfuit.
missi sunt, mittuntur, missi erant, mittebantur.
venimus, veniebamus, veniemus, venerant.
petivi, petiveram, peto, petebam.
dictum est, dictum erat, dicebatur, dicetur.

2) **die Tat**	
a) **Wiederholungsdelikt/ Zustände**	b) **erstmalige/einmalige Handlung**
3) **vorher abgeschlossene** Handlungen/Voraussetzungen	

Übung 3

In der unten stehenden Sammlung von Wörtern sind 12 Verben versteckt. Suche sie heraus und vergleiche mit dem Lösungsheft. Bilde nun vom ersten Verb die **1. Pers. Sg. des Plusquamperfekts**, vom zweiten die **2. Pers. Sg.** usw. bis zur **3. Pers. Pl.** und noch einmal von vorne ... Übersetze die gefundenen Verbformen:

genere, dicere, certe, monere, amice, serve, eligere, corpore, esse, clamore, clamare, terrore, terrere, addere, a re, carcere, capere, capite, cenare, vires, vides, venis, veris, viris, vincis, viis.

In einer großen Übersicht habe ich dir jetzt noch einmal alle hier behandelten Zeiten (Tempora) zusammengestellt:

Tabelle 19

Aktiv und Passiv für die 3. Person Plural				
	Aktiv		Passiv	
Präsens	laudant monent regunt audiunt capiunt	sie loben	laudantur monentur reguntur audiuntur capiuntur	sie werden gelobt
Imperfekt	laudabant monebant regebant audiebant capiebant	sie lobten	laudabantur monebantur regebantur audiebantur capiebantur	sie wurden gelobt
Futur I	laudabunt monebunt regent audient capient	sie werden loben	laudabuntur monebuntur regentur audientur capientur	sie werden gelobt werden
Perfekt	laudaverunt monuerunt rexerunt audiverunt ceperunt	sie haben gelobt/ lobten	laudati sunt moniti sunt recti sunt auditi sunt capti sunt	sie sind gelobt worden/ wurden gelobt
Plusquam- perfekt	laudaverant monuerant rexerant audiverant ceperant	sie hatten gelobt	laudati erant moniti erant recti erant auditi erant capti erant	sie waren gelobt worden

G 3: Mal dir ein „Paukposter“!

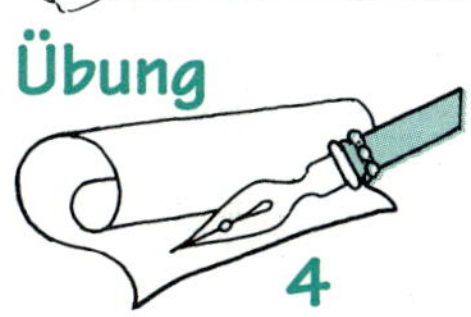

Fertige dir nun selbst eine Tabelle für die **3. Pers. Sg.** in den besprochenen Zeiten nach dem Vorbild von Tabelle 19 an!
Auch diese Tabelle lässt sich als Plakat gestalten! Du könntest dann von Zeit zu Zeit die Bilder über deinem Schreibtisch auswechseln. Das macht Spaß und wirkt noch besser auf dein Gedächtnis.
Dann hast du die häufigsten Verbformen bald ganz fest „im Griff“!

Übung 5

Jetzt noch zwei knifflige Preisfragen:
Wie heißen von *errare* die kürzeste und die längste Form, die mit dem Perfektstamm gebildet wird?

a) kürzeste Form(en) ______________________ (____ Buchstaben)

b) längste Form(en) ______________________ (____ Buchstaben)

Übung 6

Wie heißen die kürzeste und die längste Form aller Zeiten von *esse*?

a) kürzeste Form ______________________ (____ Buchstaben)

b) längste Form ______________________ (____ Buchstaben)

Und jetzt will ich dir zum Schluss noch etwas ganz Persönliches sagen:
Falls du das Buch bis hierher ganz durchgearbeitet hast, bist du ein wirklich außergewöhnlicher Mensch!! So viel Ausdauer findet man selten! Alle Achtung vor deiner Energie!!

Wenn du „nur" das durchgearbeitet hast, was du unbedingt brauchst, bist du ganz schön schlau! Und die Schlauen sind die wahren Lebenskünstler, sie wissen: „Immer nur so viel wie nötig und so wenig wie möglich, aber immer das Richtige!"
„Leicht gesagt!" wirst du denken. „Ich weiß ja oft nicht, was ‚das Richtige' ist und wann ich ‚so viel wie nötig' gelernt habe."

Du hast Recht: Das ist wirklich das Problem. Und darüber steht leider nichts in der Grammatik oder im Lateinbuch. Deswegen habe ich ein paar **Tipps und Tricks zum Lernen** aufgeschrieben. Im folgenden Kapitel kannst du sozusagen das Lernen lernen, damit du nicht „zu viel" unnötige Energie aufwenden musst, wenn es auch einfacher geht.

Hier gleich der erste Tipp:
Wenn du noch mehr über lateinische Grammatik erfahren willst, kannst du dir die beiden **Mentorbücher** für fortgeschrittene Lateiner einmal ansehen. In den Bänden 591 und 592 werden z. B. die **Pronomina**, die **Adjektive der gemischten Deklination** und der **Konjunktiv** genauer behandelt. Vor allem gibt es viele Übungen zur **Satzlehre**, die hier in diesem Buch nur ganz kurz behandelt wurde.

Bevor du aber mit der Bearbeitung der Bücher für Fortgeschrittene beginnst, prüfe wieder genau, ob ihr das Thema schon in der Schule besprochen habt. Nicht, dass du „zu viel" machst. Dann wiederhole lieber ein Kapitel aus „Lateinstart mit Spaß"! Du wirst sehen, dass du beim zweiten Mal schon weniger Fehler machst, beim dritten Mal vielleicht gar keinen mehr? Das wäre super!!

Wie habt ihr bloß so gut Latein gelernt??

Ein Mal ist kein Mal! Drei Mal bringt Beifall!

Tipps und Tricks zum Lateinlernen

D

Video, audio, disco[1].

1 Ich sehe, höre, lerne.

Versuche zuerst einmal herauszufinden, welches **deine besonderen Stärken beim Lernen** sind. Es gibt nämlich verschiedene **Lern-"Typen"**. Und wenn du herausgefunden hast, zu welchem „Typ" du gehörst, kannst du deine Stärken gezielt einsetzen.

a) Visuelles Lernen: Lernst du am besten **„mit den Augen"**, d. h. kannst du dir gut Bilder und alles Anschauliche merken?
Etwa 75 % aller Menschen lernen so am besten. Deswegen bieten wir dir auch so viele Illustrationen, Bilderrätsel u. ä. zum Lernen.

b) Auditives Lernen: Lernst du am besten **„mit den Ohren"**, d. h. kannst du dir gut merken, was du z. B. im Radio gehört hast?

c) Haptisches Lernen: Lernst du am besten **„mit den Händen"**, durch Begreifen im ganz wörtlichen Sinne, indem du etwas anfasst, aufschreibst (!), bastelst ...?

d) Soziales Lernen: Lernst du am besten, indem du **mit anderen gemeinsam** etwas machst?

Am allerbesten lernst du, wenn du versuchst, die Informationen **auf mehreren Wegen gleichzeitig** in dein Gedächtnis einzuschleusen:
z. B. du triffst dich mit Klassenkameraden (d), um Vokabeln auf Karteikärtchen zu malen (a + c), und ihr amüsiert euch köstlich über eure Zeichenversuche (b + d).

Zu all diesen Lernmethoden findest du Tipps im folgenden Kapitel.

Zuerst erklären wir dir, **WAS** man für das Lateinische lernen muss (V 1–5). Danach erfährst du, **WIE** du leichter lernen kannst (V 6 ff).

Übrigens: Viele Tipps im Kapitel „Vokabeln lernen" sind **allgemeine Lerntipps**, die du auch fürs Grammatiklernen anwenden kannst und sollst. Sie nützen dir **für alle Schulfächer**!

D 1. Vokabeln: V

V 1 Lerne die Vokabeln immer mit allen in deinem Buch angegebenen Bedeutungen (Übersetzungen).

Oft kommst du mit der zuerst genannten Bedeutung nicht aus, weil sie nicht in jeden Textzusammenhang passt.

Merke dir gleich beim Lernen **die Anzahl** aller Bedeutungen und ordne sie in irgendeiner **festen Reihenfolge**, die du immer genauso wiederholst. Als Beispiele:

ad (4 Bedeutungen): an, bei, hin, zu (hier in **alphabetischer Reihenfolge**).
virtus (3 Bedeutungen): Tapferkeit, Tüchtigkeit, Tugend **(alle drei mit T)**.

Übe bei mehreren Bedeutungen eines Wortes einen **festen Rhythmus** ein. Sobald dich jemand nach dem Wort fragt, ratterst du es runter, immer im gleichen Rhythmus. Zum Beispiel:

tum: da – damals – dann ...

V 2 Lerne bei Substantiven immer den Genitiv und das Geschlecht (m, f, n) mit.

Nur so kannst du eine **deklinierte Form** im Text **wieder erkennen**. Ein Beispiel:

genere = Abl. Sg. von ***genus***, also kein Verb!

Das erkennst du nur, wenn du ***genus, generis***, n sicher im Kopf hast. Und nur wenn du das **Genus** eines Substantivs kennst, kannst du auch die **Adjektive richtig zuordnen**, zum Beispiel ***magnus*** als Attribut zu ***poeta, ae***, m (!), aber ***magna*** als Attribut zu ***virtus, virtutis***, f (!).

V 3 Merke dir bei Adjektiven immer die Formen aller drei Geschlechter.

So gewöhnst du dich daran, dass sich das **Adjektiv verändert** und immer wieder anders aussieht.

Das ist besonders wichtig bei Adjektiven auf **-er**: Bleibt das **-e-** erhalten oder nicht?

V 4 Lerne bei den Verben immer die Stammformen mit!

(Diese Regel gilt, sobald du in der Schule das Perf. Aktiv und Passiv durchgenommen hast.)

So kannst du das Verb im Text auch in unterschiedlichen **Formen wieder erkennen**.

Sage dir diese Stammformen immer in der **gleichen Reihenfolge** auf, so wie sie in deinem Lateinbuch angegeben sind. Im Lexikon steht diese Reihenfolge:

duco	***duxi***	***ductum***	***(ducere)***
1. Sg. Präs. Akt.	1. Sg. Perf. Akt.	Part. Perf. Pass.	Inf. Präs. Akt.

V 5 Lies, ehe du mit Vokabellernen anfängst, noch einmal das Stück durch, in dem die Vokabeln zum ersten Mal vorkamen.

Du kannst **die Wörter** viel besser **behalten**, wenn du sie in einem sinnvollen Zusammenhang **(Kontext)** kennen lernst.

Prüfe anschließend im Vokabelverzeichnis deines Buches, welche Wörter du schon aus dem Text behalten hast: V 6
Super! Schon halb gelernt! Die Vokabeln, die du noch nicht kannst, erhalten dann ein kleines Zeichen mit Bleistift:

„L" = noch lernen!

Lerne Vokabeln, Grammatik u. a. immer laut. V 7
Hier gilt die altbekannte Regel: „Durchs Ohr ins Gehirn!" Wenn du dir beim lauten Lesen und Aufsagen „komisch" vorkommst, kannst du ja **beschwörend flüstern**; du wirst dich wundern, das hat geradezu **Zauberkräfte**!

Schreibe die Vokabeln immer mindestens einmal in irgendeiner Form auf z. B. mit der Schreibmaschine. V 8
Erstens macht es Spaß, mal anders zu schreiben – *variatio delectat*! Zweitens entspricht das Wort dann **im Schriftbild** eher dem, was dir **in der Klassenarbeit** begegnet.

Teile die Vokabeln zum Lernen in kleine „Päckchen" ein. V 9
Zehn Vokabeln in einem „Päckchen" sind **genug**; 30 Wörter sind das Äußerste, was ein „normaler" Mensch in einem Schwung lernen kann.

Dazu noch eine wichtige Erfahrung: Beim Lernen prägen sich das erste und das letzte Wort besonders gut ein. Ordne die „Päckchen" also so, dass an erster und an letzter Stelle immer die Wörter stehen, die besonders wichtig oder besonders schwierig sind.

Benutze ein Lochblatt zum Lernen. V 10
Du hast richtig gelesen: Lochblatt, nicht Löschblatt! Dazu nimmst du ein großes Blatt (DIN A4) und schneidest ungefähr in die Mitte ein schmales **Loch (0,3 cm hoch, 1,5 cm lang)**:
Es soll gerade so lang sein, dass **ein** lateinisches (oder deutsches) **Wort darin zu sehen ist**, wenn du das Lochblatt auf das Vokabelverzeichnis in deinem Buch legst.

Der Sinn dieser Übung: Du konzentrierst dich so beim Lernen **ganz auf dieses eine Wort**, auf sein Aussehen, sein Schriftbild. Und du lernst nicht „aus Versehen" andere Informationen mit wie zum Beispiel: „Das Wort steht ganz oben links ..." oder „danach kommt das Wort XY". Solche Zusammenhänge, in denen du das Wort in deinem Vokabelverzeichnis ohne Lochblatt siehst, sind ja für das spätere Übersetzen nicht wichtig, sie stören dich dann eher.

Bau dir ein „Vokabel-Trimm-dich-Gerät" in Form einer Vokabelkartei. V 11
Dazu besorgst du dir am besten **Karteikarten** (DIN A7). Darauf schreibst du jeweils auf die **Vorderseite** das **lateinische Wort** (nur die **Grundform**), auf die **Rückseite alle anderen Angaben**:
Genitiv, Genus (bei Substantiven) oder Stammformen (bei Verben) und alle Übersetzungen.

Zu den Vokabelkärtchen schneidest du dir zusätzlich einige Pappkärtchen zurecht, die ein kleines bisschen größer sind als die Vokabelkärtchen. Auf den oberen Rand dieser **„Leitkärtchen“**, der über die anderen Karten hinausragt, schreibst du Einteilungsangaben wie **„wiederholen!“**, **„schwierig!“**, **„gekonnt!“**.
Beim Lernen ordnest du die Wörter in diese Gruppen ein.

Wenn du ein Wort **zweimal auf Anhieb gewusst** hast, kommt es **in das Päckchen „gekonnt“**. Aus den beiden anderen Päckchen lernst du **jeden Tag** ein paar Vokabeln (aber höchstens **10 pro Tag**!). Dann wird jeden Tag eine gewisse Anzahl von Wörtern in die Abteilung „gekonnt“ wandern: Diesen Erfolg hast du ganz „greifbar“ vor Augen und kannst ihn so richtig genießen!

Noch ein wichtiger Hinweis aus der Gedächtnisforschung:
Du solltest **neue Vokabeln** schon **nach sehr kurzer Zeit wiederholen**, dann halten sie sich **noch in deinem Kurzzeitgedächtnis** auf. **Nach drei Tagen verschwinden** sie aber daraus – du müsstest noch einmal ganz von vorn anfangen zu lernen.

Lieber eine Eselsbrücke
als im Gedächtnis eine Lücke!

V 12 Benutze „Eselsbrücken“, d. h. stelle, wo immer es geht, beim Lernen **Verbindungen zu Bekanntem** her. Daran kann sich das Neue gleich richtig festklammern und über diese „Brücke“ leichter den Weg in dein Gedächtnis finden.

Oder bau dir selbst „Eselsbrücken“, indem du dir z. B. zu schwierigen Wörtern ein passendes **Bild** auf die Rückseite des Vokabelkärtchens **zeichnest**.

V 13 Benutze mal ein Fremdwörterlexikon beim Vokabellernen.
Suche dir unter dem Anfangsbuchstaben eines **Wortes, das dir Schwierigkeiten macht**, im Lexikon **ein Fremdwort** oder sogar mehrere, in denen die neue Vokabel enthalten ist. Mit dieser Sinnverbindung behältst du das Wort bestimmt viel sicherer im Gedächtnis. Du wirst überrascht sein, wie viele Hilfen (bekannte Fremdwörter) du findest.

V 14 Nutze andere Fremdsprachen zum Lernen der lateinischen Vokabeln.
Wenn du schon Englisch lernst, mach dir die Verwandtschaft beider Sprachen bewusst, denn fast die Hälfte des englischen Wortschatzes geht auf das Lateinische zurück!

Einige Beispiele:
visitare – to visit;
clamare – to claim;
invitare – to invite...

Suche selbst einmal ähnliche Wörter in deinem Englischbuch.

Benutze einen Kassettenrecorder zum Vokabellernen. V 15

Hier kannst du dir selbst ein richtiges kleines Sprachlabor einrichten.

Das geht so:

1. Du sprichst eine lateinische **Vokabel auf die Kassette**.
2. Dann lässt du das **Band ein Stück weiterlaufen**, ohne etwas zu sagen. – Diese Pause muss lang genug sein, dass man alles, was man über die Vokabel wissen sollte, **in diese Pause hineinsprechen kann**. (Am besten flüsterst du – lautlos – alle Angaben einmal vor dich hin. Dabei lernst du die Vokabeln auch gleich wieder ein Stückchen besser.)
3. **Nach dieser Pause sprichst** du alle Angaben und Übersetzungen dieser Vokabel langsam, laut und deutlich **aufs Band**. So kannst du später beim Abfragen sofort genau kontrollieren, ob du alles richtig gesagt hast.
4. Du **lernst** die Vokabeln.
5. Jetzt fragst du dich selbst ab: Du hörst dir vom Band das **lateinische Wort als Frage** an, sprichst dann **in die freigelassene Pause deine Antwort** hinein und kontrollierst sofort, ob sie richtig war.

Diese Lernmethode ist besonders für Leute geeignet, die **„mit den Ohren"** lernen.

Lerne mit anderen zusammen! V 16

Lass dich abfragen! Sprich dabei auch über die Vokabeln, über ähnliche Wörter, die du schon kennst, über Verbindungen zu Fremdwörtern, über Bilder, Vorstellungen usw.

Bilderraten: Mal mal wieder! V 17

Sieh dir noch einmal die Bilder im Buch an. Daraus kann man eine angenehme Vokabellernmethode entwickeln:

Male auf den Abbildungen im Buch **Einzelheiten bunt**. So kannst du dir die Wörter mit viel Vergnügen einprägen.

Spiel mal wieder! V 18

Viele Spiele, die du aus deiner Freizeit kennst, lassen sich auch lateinisch spielen! Hier kannst du deiner Phantasie freien Lauf lassen:

„Malen und Raten"

Das Spiel ist z. B. besonders für Substantive geeignet: Ein Spieler zeichnet den Begriff, die andern müssen ihn erraten – natürlich auf Lateinisch!

„Ich sehe was, was du nicht siehst!"

Dieses Spiel hast du hier im Buch bei allen Bilderrätseln gespielt. Du kannst es auch ein wenig abändern, damit man nicht nur Wörter verwenden kann, die sichtbare Dinge bezeichnen.

Das Spiel heißt dann „Ich denk' mir was, woran du nicht denkst". Hier passt dann alles!

„Rätselbilder"

Du hast schon eine Rätselpyramide, einen Rätselbaum, einen Rätselkamm kennen gelernt. Nach diesem Vorbild kannst du selbst beliebig viele neue Rätsel herstellen.

„Kreuzworträtsel"

Probiere es auch einmal mit Kreuzworträtseln! Das macht Spaß und ist sehr, sehr lehrreich, weil du viele Vokabeln überprüfen musst, ob sie sich eignen.

„Scrabble"

kann man natürlich auch auf Lateinisch spielen.

„Aus eins mach viele"

Nimm ein langes lateinisches Wort und probiere aus, wie viele andere lateinische Wörter sich aus den vorhandenen Buchstaben bilden lassen.

V 19 Spiele lateinisch Theater!

Dazu findest du mehrere Stücke in „Lateinstart": S. 25, 29, 36, 64, 81, 89 ...

2. Grammatik: G

D

Viele Tipps aus dem Kapitel Vokabellernen kannst du auch auf die Grammatik übertragen, weil es **allgemeine Lernregeln** sind. Sie sollen hier nicht wiederholt werden. Jetzt suchen wir nach **besonderen Grammatiktipps**.

Lerne die Formenreihen der Konjugation und der Deklination so richtig zum „Runterrattern"! G 1

So prägt sich die Reihe als Ganzes ein. Wenn du nun eine bestimmte Form suchst, gehst du die Reihe durch, bis du die richtige Form findest.

Beispiel: Du lernst die Endungen für das Präs. Akt. als Reihe: **ost, mustisnt**. Gesucht wird nun die 3. Pers. Sg.; du nimmst die Reihe auseinander: o – s – t... Aha, das war's!

Bilde dir waagerecht nebeneinander verschiedene Deklinationsreihen. G 2

Schreibe dir mehrere Substantive nebeneinander, die **verschiedenen Geschlechtern und Deklinationen** angehören. Dekliniere sie dann **waagerecht**, das heißt: nenne die **Genitive aller Substantive nebeneinander**, danach die Dative usw.

Hier ein **Beispiel** für die **a- und o-Dekl.**:
vir, femina, forum, poeta, hortus.

Jetzt nennst du die **Genitive nebeneinander**:
viri, feminae, fori, poetae, horti.

Dann die **Dative** usw. Fortgeschrittene mischen dann **mit der kons. Dekl.** zum Beispiel so:
hortus, corpus, femina, pater, puer
horti, corporis, feminae, patris, pueri!

Die Übung kann schriftlich oder mündlich (auf Kassettenrecorder zum Kontrollieren!) ausgeführt werden. Stoppe einmal die Zeit und versuche dann, deine Bestzeit zu unterbieten.

Viel Spaß macht das Spiel auch zu zweit. Dann kannst du auch leichter kontrollieren, ob alles richtig dekliniert ist. (Nimm evtl. dein Buch zum Kontrollieren zu Hilfe!)

Mach dir Paukposter für Regeln und Tabellen! G 3

Du besorgst dir ein schönes **Poster** von deinem **Lieblingstier oder Lieblingsstar** und klebst ihm eine **Sprechblase** auf, mit der es oder er dir die Regeln zuflüstert, die du gerade lernen sollst.
Was meinst du, wie angenehm dann das „Pauken" wird! (Tipp: Überklebe das Poster vorher mit einer Klarsichtfolie, dann kannst du deinem Lieblingstier oder -star **immer neue Regeln** „in den Mund legen", ohne dass das Plakat beschädigt wird.)

Du kannst natürlich auch **Mama Lupa** abmalen. Such dir die Tipps aus, die für dich besonders wichtig (schwierig?) sind.
Tabellen malst du dir **riesengroß auf ein Stück Tapete oder Pappe** und hängst sie an einer Stelle auf, wo du immer wieder vorbeikommst und automatisch hinsehen musst – z. B. über den Schreibtisch oder an eine Tür. Ohne bewußt zu lernen, hast du vom häufigen Hinsehen die Tabelle bald im Kopf. **Tabellen** solltest du übrigens grundsätzlich immer **selbst schreiben, gliedern, gestalten** und sie nicht nur im Buch lesen! Denk daran:

„Durch die Hand ins Gehirn!" (vgl. S. 123 c)

G 4 Lege dir ein eigenes Grammatikheft an (auch wenn ihr in der Schule schon ein Grammatikheft führt).
Dieses Heft soll **ganz persönlich gestaltet** sein mit deinen „Lieblingsthemen"! Und vor allem soll es **schön aussehen**, sodass es richtig Spaß macht, darin zu blättern.

Dazu besorgst du dir ein kleines **Ringbuch** (DIN A5) und **kariertes Papier ohne Rand**. Immer wenn du etwas Neues gelernt hast, beginnst du ein neues Blatt. Der Vorteil einer solchen Loseblattsammlung besteht darin, dass man die Blätter jederzeit ändern und austauschen kann, sich also auch ruhig mal verschreiben darf.

Zu den Regeln und Tabellen **zeichnest** du, was gut zum Stoff passt; wieder findest du vieles bei Mama Lupa.

Übrigens kannst du dir mit Farbstiften ein richtiges System selbst erfinden: Du könntest z. B. alle Nominativendungen rot schreiben, alle Akkusativendungen blau, alle Adv. Best. grün …
Wichtig ist dabei allerdings, dass du das gewählte System beibehältst, also **immer die gleiche Farbe für die jeweilige Erscheinung** verwendest.

G 5 Zum Schluss noch einige Spielideen zum gemeinsamen Lernen:

„Deklinationsduett"

Dekliniert mal zu zweit, im Duett: Einer dekliniert das Substantiv, der andere ein Adjektiv dazu.
Ihr fangt ganz einfach an:
Subst. und Adjektiv haben die gleiche Endung (z. B. *carrus carus*, *Clara cara*).
Aber dann wird's schwieriger (z. B. *poeta clarus*, ganz zum Schluss: *miles gloriosus*: der angeberische Soldat)!

„Nicht einer, sondern viele!"

Spieler I nennt ein Substantiv im Singular (z. B. *vir*), Spieler II weiß alles besser, er sagt:
„Nicht ein *„vir"*, sondern viele *„viri"*! Das könnt ihr jetzt in allen Kasus durchspielen.

3. Übersetzung und Konstruktion: K

D

Stelle Sinnfragen, denn „gut gefragt ist halb übersetzt"! K 1

Die Sinnfragen **„Wer oder Was?"**, **„Wen oder Was?"** usw. **bewahren** dich vor **schwerwiegenden Konstruktionsfehlern**.

Unterstreiche zuerst immer das Prädikat mit einer Schlangenlinie. K 2

Dann suche und unterstreiche das Subjekt mit einer durchgehenden geraden Linie, und zuletzt noch das Akkusativobjekt mit einer gestrichelten Linie.

Verbinde kongruierende (zusammengehörende) Wörter durch kleine Bögen. K 3

Das gilt vor allem für Attribut und Beziehungswort.

Beispiel:

Magister severus discipulo novo summo cum gaudio multos libros novos dat.

(Der strenge Lehrer gibt dem neuen Schüler mit größter Freude die vielen neuen Bücher.)

Fasse Zusammengehörendes, die sog. Wortblöcke, durch senkrechte Striche zu Sinneinheiten zusammen. K 4

Heißer Tipp für Klassenarbeiten: Dein Lehrer liest schon in **Sinneinheiten** vor! Bei einer **Sprechpause** ist meist **der Wortblock zu Ende**! Zeichne also, wenn er eine Pause macht, schnell einen Strich ein!

Beispiel:

Magister | filio patroni | librum avi | dat.

(Der Lehrer | gibt | dem Sohn seines Schutzherrn | ein Buch des Großvaters.)

Probiere die Puzzlemethode! K 5

Beim **Puzzle** sucht man immer zuerst die Teile, die nach **Farbe und Bild zusammengehören**. Dann prüft man, ob die **Kanten** der gefundenen Teile **aneinanderpassen**. Genauso solltest du es beim Übersetzen machen:

Durch **Sinnfragen (wer? wen? ...)** erhältst du ein **erstes Bild des Satzes**. Beim Zusammensetzen musst du nun die **Einzelteile genau überprüfen**: Passen die „Kanten", d. h. die **lateinischen Endungen** der gefundenen Wörter aneinander?

Mache die Hin- und Zurückprobe! K 6

Diese Methode kennst du wahrscheinlich aus der Mathematik: Wenn du schwierige Zahlen dividieren sollst, prüfst du dein Ergebnis, indem du hinterher noch einmal dieselben Zahlen multiplizierst.

Versuche das Gleiche im Lateinischen:

Wenn du **aus dem Lateinischen übersetzt hast**, halte den Ausgangstext zu und **übersetze** den deutschen Satz noch einmal mündlich **ins Lateinische**.

D

4. Tipps für Tests und (Klassen-)Arbeiten: A

A 1 Der Atemtrick

Wenn du bei Klassenarbeiten sehr aufgeregt bist, dein Herz bis zum Hals klopft, dein Gehirn wie zugemauert ist, versuche es mit der Atemmethode: **Atme zehnmal ganz langsam und tief ein und aus.** Dadurch wird der Herzschlag verlangsamt, das Herzklopfen lässt nach. Gleichzeitig erhält dein Gehirn durch das tiefe Atmen mehr Sauerstoff. Beides ist nötig, um konzentriert zu arbeiten. Am besten wäre es, wenn du dabei die Augen schließt und dich ganz auf das Atmen konzentrierst. Probier's mal aus!

A 2 Teile dir die Zeit ein!

Bei einer **einstündigen Arbeit** (45 Min.) steht dir (nach dem Vorlesen, den Fragen und dem Anfangsschock) noch ungefähr eine **halbe Stunde für konzentriertes Arbeiten** zur Verfügung, den Rest brauchst du zum Durchlesen und Überprüfen und eventuell zum Korrigieren.
Teile darum den **Arbeitstext in zwei Hälften** (ungefähr!). Die **erste** müsstest du **in einer Viertelstunde** schaffen. Schreibe dir die Sollzeit daneben: z. B. 10.25. Bis 10.25 Uhr solltest du mit dieser Hälfte fertig sein. So vermeidest du, am Anfang zu glauben: „Es ist ja noch sooo viel Zeit!!!" und am Schluss in Panik zu geraten. Plane genügend Zeit zum Nachprüfen ein.

A 3 Aller Anfang soll leicht sein.

Darum nimm **zuerst** eine **leichte Aufgabe** in Angriff! Mein Vorschlag: **Unterstreiche alle Prädikate im Text.** Diese Aufgabe ist so klar, dass du sie auch im größten Stress schaffen kannst, wenn dein Gehirn noch richtig blockiert ist. Nach diesem Anfang hast du schon ein kleines Erfolgserlebnis und die Aufregung lässt nach. Danach bearbeitest du die Aufgabe, die dir am leichtesten fällt. Notfalls **lässt du** im Heft **ein Stück frei für die Aufgaben**, die **du später** machen willst, weil sie dir schwieriger erscheinen.

A 4 Kontrolle ist besser!

Nach dem Übersetzen solltest du deinen Text **in drei separaten „Kontrollgängen"** auf Fehler prüfen:

1. **Prüfe**, ob du **kein Wort ausgelassen** hast: Halte den Finger an das Wort auf deinem Arbeitsblatt und suche, bis du das Wort in deiner Übersetzung gefunden hast, erst dann erhält das Wort auf dem Arbeitsblatt ein Häkchen: „ist übersetzt".
2. **Prüfe**, ob **Singular und Plural** stimmen, indem du **jedes Wort befragst**: „einer oder viele?".
3. **Prüfe**, ob die **Kasus** stimmen, das gelingt am besten **durch Sinnfragen** oder durch die **Rückübersetzungsprobe** (vgl. K 6 auf der Seite vorher)!

Durch diese einfachen Kontrollgänge kannst du leicht 1–3 Fehler verbessern. (Das macht mindestens eine Note aus!)

Schnellschreibtraining A 5

Hast du immer **Zeitprobleme** bei deinen Klassenarbeiten? Vielleicht liegt es einfach daran, dass du (zu) langsam schreibst?! **Trainiere** deshalb zu Hause **Schnellschreiben**. Dadurch kannst Du, wenn's drauf ankommt, wertvolle **Zeit zum Nachdenken gewinnen**!

Zeittraining zur Konzentrationsverbesserung A 6

Arbeite zu Hause so oft wie möglich mit der Uhr! Das hat mehrere Vorteile: Erstens konzentrierst du dich besser. So wirst du zu Hause **schneller mit allen (!) Aufgaben fertig** und gewinnst mehr Freizeit. Zweitens lernst du, **deine Zeit besser einzuschätzen** und **einzuteilen**, was für Klassenarbeiten unbedingt notwendig ist.

Frage deinen Lehrer, wie viel Zeit du für eine Aufgabe brauchen darfst. Du kannst die Zeit aber auch selber schätzen, indem du die Wörter der letzten Klassenarbeit zählst. Als Arbeitszeit rechnest du dann ungefähr eine halbe Stunde. (Ungefähr 35–50 Wörter müsstest du in einer Viertelstunde übersetzen. Teile dir alle deine lateinischen Aufgaben, auch die Übungen in diesem Buch, danach ein!)

Nach dieser Viertelstunde konzentrierter Arbeit machst du erst einmal eine kleine Pause, ganz betont, ganz bewusst: Steh einmal auf, geh herum, reck dich usw. Erst dann geht es konzentriert in die 2. Runde, wobei die nächste **Pause** gleich wieder mit **eingeplant** wird. Dann freust du dich darauf und **arbeitest schneller und besser**! Vielleicht spornt dich auch die Aussicht auf eine Belohnung, die du dir selbst gibst, zu konzentriertem Arbeiten an!

Frühzeitig anfangen mit der Vorbereitung! A 7

Kein Mensch kann am letzten Abend vor einer Klassenarbeit noch drei Lektionen Vokabeln wiederholen, im Gegenteil! Durch eine solche Gewaltkur wird das **Gedächtnis überfordert**. Das, was vorher schon **gespeichert** war, geht dann wieder **verloren**, wie die Gedächtnisforscher herausgefunden haben. Man weiß weniger als zuvor.
Deswegen ist es ganz wichtig, den gesamten Stoff schön in einzelne **„Päckchen" einzuteilen** und **jeden Tag etwas** zu bearbeiten.

Die Prüfungsprobe A 8

Übe öfter mal „unter Klassenarbeitsbedingungen". Dadurch geht vieles vom Schrecken der Prüfungssituation verloren.
Dazu kannst du noch einmal eine **alte Klassenarbeit übersetzen**, der Stoff wird ja auch für die folgenden Arbeiten noch gebraucht.

Am besten übersetzt du aber die zuletzt behandelten Stücke aus deinem Buch. Denn aus diesen wird sich die nächste Klassenarbeit zusammensetzen – zwar nicht genau wörtlich, aber doch ähnlich.

Übersetze **unter Prüfungsbedingungen schriftlich**, mit genauer **Zeiteinteilung** (vgl. A 6 oben!). Kontrolliere, zähle die Fehler und rechne selbst deine Note aus!

D

5. Fehler finden und vermeiden: Tabelle zur Fehleranalyse

Und zum Schluss habe ich mir noch etwas Besonderes für dich ausgedacht, eine **Übersicht**, mit der du herausfinden kannst,

- welches die häufigsten Fehler in deinen Klassenarbeiten sind,
- was du tun kannst, um sie zu vermeiden.

Dazu erhältst du erst einmal eine ungewöhnliche Aufgabe:
Kopiere dir die „Tabelle zur Fehleranalyse" (S. 136–137) ein paar Mal und hole dein Klassenarbeitsheft.
Leg jetzt die Tabellenkopie neben das Buch, damit du sie ansehen kannst, während ich dir beschreibe, wie die Tabelle zu benutzen ist.

Stell dir vor, drei Schüler haben in einer Klassenarbeit die gleiche Anzahl Fehler, aber mit ganz verschiedenen Fehlerarten.
Die Namen der Schüler – ***Rapidus*** (der Flotte), ***Piger*** (der Faule) und ***Mixtus*** (der Vermischte) – verraten dir schon, was für jeden typisch ist:

- Bei ***Rapidus*** stehen fünf Auslassungszeichen ⌈ am Rand der Arbeit, er war so unkonzentriert, dass er die **Wörter**, die er genau wusste, einfach **übersehen** hat. Dem Schüler kann geholfen werden: Wir empfehlen unseren Klassenarbeitstipp A 4 „Kontrolle ist besser" (S. 132)!

- Auch Schüler ***Piger***, bei dem fünfmal V am Rande steht, kann hier geholfen werden: Zum Vokabellernen haben wir in Kap. 1 von Teil D besonders viele Vokabeltipps.

- Problematisch wird es bei ***Mixtus***: Bei ihm finden sich verschiedene Zeichen. Um diesen Fehlern auf die Spur zu kommen, nimm die Tabelle auf S. 136/137:

  Sieh dir die senkrechte **Spalte I–VII ganz links** an: Was erkennst du? Richtig, hier ist die Art der Fehler bezeichnet, wie du sie in Klassenarbeiten am Rand findest: ⌈ Auslassung, V Vokabel, Gr Grammatik...

  Unser *Mixtus* trägt jetzt ein, **wie viele Fehler von der jeweiligen Art** in der Klassenarbeit vorkamen, V: 3, Gr: 2 (vgl. die Tabelle nächste Seite).

  Und jetzt kommt die Hauptsache: Wir wollen die Ursache für den Fehler herausfinden. Dazu benutzen wir die Erklärungen in der **obersten waagerechten Spalte 1–5 dieser Tabelle** auf der nächsten Seite: **„übersehen/ausgelassen", „verwechselt", „nicht gewusst/gelernt"** usw.

  Wir analysieren, d. h. untersuchen nun die Fehler von ***Mixtus*** genauer:

  Zwei Vokabeln hat der Schüler nicht gewusst. Er trägt deshalb unter der **waagrechten Spalte 3 („nicht gewusst/nicht gelernt")** die **Anzahl 2** ein und schreibt die Vokabeln gleich auf – in dieser Tabelle, falls genügend Platz ist, oder auf Vokabelkärtchen mit dem Vorsatz „wiederholen"!!!

Einmal hat er ***nam*** und ***tum*** verwechselt. Er trägt daher unter der **waagrechten Spalte 2** („**verwechselt**") die **Anzahl 1** und gleich die Wörter ein: *nam* = denn, *tum* = dann, damals, da.

So sieht das in der Tabelle aus:

	Entstehung des Fehlers	1 übersehen/ ausgelassen	2 verwechselt (mit)	3 nicht gewusst = nicht gelernt	4 nicht gewusst = nicht verstanden	5 Sonstiges
II	Vokabel-fehler V 3		1 nam: denn tum: dann, damals, da	2 saepe: oft monere: mahnen		

Ähnlich wird dann bei den Grammatikfehlern unterschieden:
Die **Grammatikfehler (Gr)** werden **links in die Spalten III** (oder IV vgl. große Tabelle von S. 136) eingetragen.

	Entstehung des Fehlers	1 übersehen/ ausgelassen	2 verwechselt (mit)	3 nicht gewusst = nicht gelernt	4 nicht gewusst = nicht verstanden	5 Sonstiges
III	Gramma-tikfehler Gr 2 bei Verben a) Person, b) Tempus		1 Pl. – Sg. monent: sie mahnen monet: er mahnt	1 Perf.! monuisti: du hast gemahnt		

Zwei Fehler sind bei der **Konjugation** „passiert", also werden sie in **Kästchen III (Grammatikfehler bei Verben)** eingetragen. Dabei ist einmal **aus Versehen** die 3. Pers. Pl. als 3. Pers. Sg. übersetzt worden. Dieser Fehler erscheint unter der waagerechten **Spalte 2 („verwechselt")**.
Beim zweiten Fehler hat der Schüler die deutsche Perf.-Form im Lateinischen als Präsens übersetzt. Das lag – ganz ehrlich gesagt – daran, dass er die Perfektendungen nicht gelernt hatte. Dieser Fehler erscheint deswegen im **Kästchen III, 3 (waagrechte Spalte „nicht gewusst/nicht gelernt")...**
Hinweise zur Fehlerbehebung findest du nach der Tabelle auf S. 138.

Tabelle zur Fehleranalyse/Lateinarbeit vom ____________

Art und Zahl der Fehler	Entstehung des Fehlers	1 übersehen ausgelassen	2 verwechselt (mit)
I Γ	Auslassung		
II V	Vokabel- fehler		
III Gr	Grammatik- fehler bei Verben: a) Person b) Tempus		
IV Gr	Grammatik- fehler bei Substantiv oder Adjektiv: a) Sg./Pl. b) Kasus		
V K	Konstruk- tionsfehler Satzlehre		
VI Bez	Beziehung (falsch zugeordnet)		
VII	Sonstiges		
	Gesamtzahl		

aus: Heide Huber „Lateinstart mit Spaß“, Mentor Verlag

3 nicht gewusst = nicht gelernt	4 nicht gewusst = nicht verstanden	5 Sonstiges

Untersuche deine Klassenarbeiten einmal auf diese Weise. Dadurch wirst du viel zur Vermeidung der Fehler lernen.
Du erkennst, wo deine Schwächen liegen, und kannst gezielt etwas dagegen tun. Die folgende Übersicht sagt dir Genaueres:

Hinweise zur Auswertung der Tabelle S. 136/137:

Welche Fehler kommen vor? →	Was ist dagegen zu tun?
I (Flüchtigkeit) →	**Konzentration!!! Genau durchlesen!** Hinter jedes Wort ein Kreuzchen, wenn es (richtig) übersetzt ist. Vgl. **Tipp A 2 und 4**
II (mangelnde Vokabelkenntnis) →	**Vokabeln** auf Kärtchen schreiben und **wiederholen**, bis sie sitzen! Vgl. **Tipp V 11**
III (Konjugationsfehler) →	**Konjugation noch einmal lernen, Übungen wiederholen!** Vgl. **Tipp V 4, G 1–3**
IV (Deklinationsfehler) →	**Deklination noch einmal lernen, Übungen wiederholen!** Auf Sg. und Pl. achten (häufigster Fehler)!! Vgl. **Tipp V 2, G 1–5**
V (Konstruktion) →	**Kasus wiederholen! Auf Endungen achten! Fragen** (!!!): Wer? Wen?… Auf Akt. und Pass. achten und wörtlich übersetzen! Vgl.**Tipp G 2, A 4, K 3–6**
VI (Beziehung) →	**Deklination noch einmal lernen! Auf Endungen achten!** Vgl. **Tipp G 3, K 1–6**
2–3 (nicht gewusst) →	Hier hilft **lernen**, bombensicher!!
4 (nicht verstanden) →	**Frage deine Klassenkameraden oder (am besten) den Lehrer!** Erkläre ihm ganz genau, was du nicht verstanden hast (nicht nur: „so allgemein“ oder „alles“)! Er erklärt es dir und der Klasse dann sicher noch einmal – vielleicht haben die anderen es auch noch nicht so ganz verstanden? **Hier hilft auch „Lateinstart mit Spaß“!**

Lateinische Sprachspielereien

classis Romana	eine flotte Römerin
tanta mea gratia est	Meine Tante ist eine Grazie.
lactis audere est ante pericula	Der Milchwagen ist vorgefahren.
rex pulex et multum in ut plus	Der König floh und fiel in das Meer.
mors certa, hora incerta	Todsicher geht die Uhr falsch.

Zeitungsente

Journalisten machen sich gelegentlich einen Sport daraus, Zeitungsenten zu jagen. Die Herkunft dieser Ausdrucksweise wird unterschiedlich gedeutet. Im Hinblick auf das Lateinische scheint folgende Erklärung plausibel: Eine nicht unbedingt zuverlässige Pressemeldung musste früher durch die Abkürzung n. t. *(non testatum)* unterschieden werden. Eine solche Mitteilung bezeichnete man also als *n. t.* (gesprochen wie "Ente").

Juristische Deklination:

Nominativus	der Untersuchungsrichter
Genitivus	das Vormundschaftsgericht
Dativus	das Finanzamt
Accusativus	der Staatsanwalt
Vocativus	der Verteidiger
Ablativus	der Gefängniswärter

Wusstest du schon, ...

... dass rasieren, radieren und tabula rasa auf das gleiche Wort zurückgehen?

Nämlich auf *rado, rasi, rasum* (kratzen, schaben). Mit einem Messerchen schabte man Tinte vom Papyrus oder die Barthaare von den Wangen. Kleine Fehler 'radierte' man, indem man mit dem flachen Ende des Schreibgriffels die Schrift verstrich. *Tabula rasa* machte man, indem man die in das Wachs eingeritzte Schrift mit dem Spachtel gleichmäßig glatt strich und evtl. noch neues Wachs darauf goss. Wenn du also mal *tabula rasa* hast, kannst du besonders gut neu anfangen!

... dass man mit römischen Zahlen nicht schriftlich rechnen kann?

Deshalb benutzten die Römer ein ausgeklügeltes System zum Fingerrechnen *(digitis computare!)* oder nahmen den "Taschenrechner" *(abacus).*

... dass römische Schüler es viel schwerer hatten lesen zu lernen?

Sie mussten nämlich zuerst einmal die *scriptio continua* (zusammenhängende Schrift) einteilen und entziffern:
außerdemgabeskeinezeichensetzungundkeinegroßschreibungfür-
diesubstantivegetrenntwurdenichtnachsilbensondernsowieder-
platzesgeradeerforderteinunseremlateinbucherleichtertdiedeutschetre
nnungderwörterunddiezeichensetzungdaslesenerheblichwieduan-
diesemtextgutmerkenkannst!

Wusstest du schon, ...

... dass die Römer "Geschäfte" mit ihren Göttern machten?

In einer schwierigen Lage versprach *(vovebat)* ein Römer dem zuständigen Gott einen Altar oder Tempel, damit er half. Erst wenn der Gott sich die Gabe verdient hatte *(merito!)*, löste der "Gläubige" das Versprechen ein und weihte *(vovebat)* den Altar.

... dass Pfeffer sozusagen ein Statussymbol war?

Je schärfer gepfeffert die Speisen, desto reicher der Gastgeber. Denn dieses Gewürz musste von weit her, praktisch *per pedes,* nach Rom geholt werden und war entsprechend teuer.

... dass der Omnibus eine römische Erfindung ist?

So hießen die staatlichen Kurierwagen, die allen (*omnibus:* Dativ) zur Verfügung standen. Die meisten Wagen waren jedoch den kaiserlichen Beamten und Kurieren vorbehalten.

... dass die Römer bereits Straßenkarten (itinerarium) anfertigten,

in denen die Rasthäuser an den Fernstraßen eingetragen waren?

Lateinische Stilblüten ...

oder: Was ist hier falsch?

Habent sua fata libelli.
Bücher haben ihr Fades.

Omne principium grave.
Alle Prinzen sind Grafen.

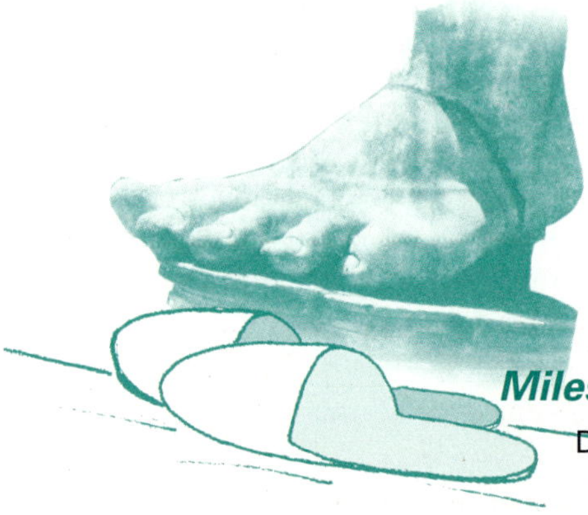

Miles Romanus novas accepit clades.
Der römische Soldat erhielt neue Schlappen.

Amicus populi Romani.
Ein Freund von populären Romanen.

Romani, dum in luctu erant, albam togam exuebant.
Wenn die Römer im Bett waren, zogen sie das Hemd aus.

Bild- und Literaturnachweis

Fundstelle:	**Seite:**
Abacus und Schreibgeräte nach: Fritz Kretzschmer, Bilddokumente römischer Technik, Düsseldorf (VDI-Verlag) 1978, Abb. 1–2.	**20, 69**
Trajansforum aus: Filippo Coarelli, Rom/Freiburg (Herder) 1975, S. 102.	**36**
Minerva und Fortuna nach der großen Juppitersäule in Mainz, Römisch-Germanisches Zentralmuseum Mainz, aus: Germania Latina, Quellenlesebuch zur Geschichte und Kultur Germaniens in der Römerzeit. Hrsg. Hans Klingenhöfer, Schwann Verlag, Düsseldorf 1966.	**41**
Virtus-Altar des Fatalis: Römisch-Germanisches Museum Köln/Rheinisches Bildarchiv (RBA).	**42**
Ruderschiff nach einem Relief im Rheinischen Landesmuseum Trier. Zeichnung nach: Reinhard Schindler, Führer durch das RLMT (Rheinische Landesmuseum Trier), Trier 1977, Abb. 139.	**50**
Bäckerei vom Grabmal des Eurysaces in Rom, Zeichnung nach: W. Hürbin, Römisches Brot. (Augster Hefte zur Römerzeit 4), Römermuseum Augst 1980.	**52ff.**
Filmankündigung aus: Prisma, Programmzeitschrift zum Kölner Stadtanzeiger.	**72**
Frisierszene nach einem Relief im Rheinischen Landesmuseum Trier, aus: a. a. O., Abb. 337.	**74**
Piratenschiff: nach einer Abbildung in Orbis Pictus Latinus, Hermann Koller, Artemis Verlag München 1993, S. 39.	**77**
Theater: Dionysostheater in Athen nach einem Stich des 19. Jh. aus: Al. H. Oikonomidis, Die Akropolis von Athen, N. Guvussis Verlag, Athen 1975, S. 15.	**84**
Theaterkostüm eines orientalischen Königs, Nachbildung der AG Archäologie am Lise-Meitner-Gymnasium Leverkusen (Heide Huber) nach einer griechischen Vase im Nationalmuseum Neapel, aus: Alfonso de Franciscis, Das Archäologische Nationalmuseum in Neapel, Interdipress Neapel 1974, S. 63, und: Erika Simon, Dionysos und Hephaistos auf einem Kelchkrater des Talosmalers, in: Pantheon III, Jahrgang XXXVI, 1978, S. 201.	**90**
Römisches Geschirr nach: Erich Gross, Gefäßtypen der römischen Keramik im Rheinland, Rheinland Verlag GmbH, 3. Aufl. Köln 1976.	**96**
Rezept: nach Apicius, De re coquinaria, ed. Mary Ella Milham, Teubner Verlag, Leipzig 1969, S. 60, Nr. XI 8.	**97**
Consules: nach einem hadrianischen Sesterz, aus: Tilman Bechert, Marcus, der Römer, Gronenberg Verlag, Gummersbach 1985, S. 78.	**101**
Speiseszene: nach Grabsteinen im Römisch-Germanischen Museum Köln/Rheinisches Bildarchiv; aus: Galsterer, Die römischen Steininschriften aus Köln, Wiss. Katalog des RGM, Nr. 196 (Maternus) und Nr. 219 (Celerinus).	**105**
Alle anderen Illustrationen: Claudia Hürten nach der alten Auflage dieses Buches und nach römischen Originalen unter freundlicher Beratung von Friederike Hilscher-Ehlert, Rheinisches Landesmuseum Bonn.	
Lateinische Sprachspielereien und Stilblüten: Carl Vossen, Mutter Latein und ihre Töchter, Stern Verlag, Düsseldorf 1992; Hans Weis, Bella Bulla, Lateinische Sprachspielereien, Dümmler-Verlag, Bonn 1994.	**139, 142**
Die Seiten **„Wusstest du schon"** wurden freundlicherweise von Heide Huber, Köln, zur Verfügung gestellt.	**140f.**

Grammatische Begriffe mit Abkürzungen

Lateinischer / grammatischer Begriff	Deutsche Übersetzung Erklärung / Frage	Beispiele
A		
Ablativus (Abl.)	5. Fall	
auctoris: (auct.) bei Personen	– des Urhebers: von wem?	*liber **a poeta** recitatur:* das Buch wird **vom Dichter** vorgelesen
instrumentalis (instr.): bei Sachen	– des Mittels: womit? wodurch?	***vento** agitatus:* **vom Wind/durch den Wind** getrieben
separativus (sep.)	– der Trennung: von wo? wovon? von wem	***labore** liberatus:* **von der Arbeit** befreit
Adjektiv (Adj.)	Eigenschaftswort	*bonus, a, um:* gut
adjektivisches Attribut (adj. Attr.)	genauere Bestimmung eines Nomens durch ein Eigenschaftswort	*vir **probus**:* ein **rechtschaffener** Mann
Adverb (Adv.)	Umstandswort	*saepe:* oft
Adverbiale Bestimmung (adv. Best.)	Umstandsbestimmung	
der Art und Weise	wie? auf welche Art?	***libenter**:* gern
des Ortes	wo? wohin? woher?	**in horto***:* im Garten ***in hortum**:* in den Garten ***Athenis**:* aus Athen
der Zeit	wann? wie lange?	***multos annos**:* viele Jahre (lang)
Akkusativ (Akk.)	4. Fall: wen? was?	*domin**um**:* den Herrn *domin**am**:* die Herrin … *opus* (Akk.!): das Werk
Akkusativobjekt (Akk. Obj.)	Ergänzung im Akk. wen? was?	***liberos** amat:* er liebt **Kinder**
Aktionsart	Art der Handlung	
linear:	langdauernd / wiederholt: Imperfekt	*semper clamor **erat**:* immer **war** Lärm (herrschte …)
punktuell:	neu eintretend / einmalig / abgeschlossen: Perfekt	*tum clamor **fuit**:* da **war** Lärm (entstand …)
Aktiv (Akt.)	Tatform	*laudat:* er lobt
Attribut (Attr.)	Beifügung, nähere Bestimmung eines Nomens:	*vir **probus**:* ein **rechtschaffener** Mann
	was für ein? welcher?	*filius **finitimi*** (Gen.-Attr.): der Sohn **des Nachbarn/ Nachbars**sohn

Lateinischer / grammatischer Begriff	Deutsche Übersetzung Erklärung / Frage	Beispiele
B		
Beziehungswort	Nomen, mit dem ein Adjektiv oder Partizip in der Form übereinstimmt	***vir*** *timore* ***liber****:* ein von Furcht **freier Mann**
Bindevokal	Sprechvokal, der zwischen Stamm und Endung steht	*reg-****i****-t* *reg-****u****-nt*
D		
Dativ (Dat.)	3. Fall: wem? für wen?	*domin****o****:* **dem** Herrn, **für den** Herrn *domin****ae****:* **der** Herrin, **für die** Herrin
der beteiligten Person (commodi)	wem/für wen zum Nutzen?	***liberis*** *laborat:* er arbeitet **für die Kinder**
Dativobjekt (Dat.. Obj.)	Ergänzung im Dativ: wem?	***domino*** *paret:* er gehorcht **dem Herrn**
possessivus (poss.)	– des Besitzers: wem (gehört)?	***domino*** *villa est:* **dem Herrn** ist/gehört ein Haus, der Herr hat ein Haus
Deklination (Dekl.)	Beugung des Nomens	
a-Deklination (a-Dekl.)	Dekl. mit Stammvokal -a	*domin****a****, poet****a***
o-Deklination (o-Dekl.)	Dekl. mit der Ablativendung -o	Subst.: *dominus, puer* (m), *forum* (n) Adj.: *bonus, bonum*
konsonantische Deklination (kons. Dekl.)	Dekl. der Nomina, deren Stamm auf einen Konsonanten endet	(pater) *pat****r*** – (miles) *mili****t*** –
gemischte Deklination (gem. Dekl.)	Dekl. der Nomina, die wie die konsonantische Dekl. dekliniert werden, aber im **Gen. Pl. -ium** haben	*hostis, hostes* Abl. Sg. *hoste* Gen. Pl. *host****ium***
F		
Femininum (f)	weibliches Geschlecht (des Substantivs)	
flektieren	beugen: deklinieren (bei Nomen) konjugieren (beim Verb)	
Fragepartikel	kleines Wort zur Einleitung von Fragen	*-ne* (unübersetzt) *num:* etwa (Antwort: nein) *nonne:* ... nicht ... (Antwort: ja)
Futur I (Fut. I)	Zukunft	*lauda****bit****:* er **wird** loben *duc****et****:* er **wird** führen
Futur II (Fut. II)	vollendete Zukunft	*pullus* ***coctus erit****:* das Huhn **wird gekocht sein**

Lateinischer / grammatischer Begriff	Deutsche Übersetzung Erklärung / Frage	Beispiele
G		
Genitiv (Gen.)	2. Fall: wessen?	*domini:* **des** Herrn *dominae:* **der** Herrin
Genitivattribut (Gen. Attr.)	Beifügung im Genitiv was für ein? welcher?	*sententia* ***Vergilii:*** ein Satz **des Vergil** (= ein vergilianischer Satz)
Genus (G)	Geschlecht	m, f, n
H		
Hilfsverb	Verb, das als Prädikat eine Ergänzung fordert	*esse:* sein
I		
Imperativ	Befehlsform	*adiuva!* hilf! *videte!* seht! *cape!* nimm!
Imperfekt (Imp.)	Vergangenheitsform (linear) für andauernde oder wiederholte Handlung (dt.: Präteritum)	*crea**ba**nt:* sie wähl**ten** ***erant:*** sie **waren**
Indikativ (Ind.)	Wirklichkeitsform	*laud**at**:* er lo**bt** *lauda**bat**:* er lo**bte** . . .
Infinitiv (Inf.) Infinitiv Präsens Aktiv (Inf. Präs. Akt.)	Grundform des Verbs	 *laudare:* loben
Infinitiv Präsens Passiv (Inf. Präs. Pass.)		*laudari:* gelobt werden *duci:* geführt werden
K		
Kasus	Fall	Nominativ, Genitiv . . .
Kongruenz	(grammatische) Übereinstimmung	
Kasus-Numerus-Genus-Kongruenz **(KNG-Kongruenz)**	Übereinstimmung in Fall, Zahl und Geschlecht	*hort**us** magn**us**:* der große Garten *hort**um** magn**um**:* den großen Garten *poet**ae** magn**i**:* die großen Dichter (m!)

Lateinischer / grammatischer Begriff	Deutsche Übersetzung Erklärung / Frage	Beispiele
Konjugation (Konj.)	Beugung des Verbs	
a-Konj.	Verben mit -a- im Präsensstamm	*lauda-re, laudo:* (aus -a-o)
e-Konj.	Verben mit -e- im Präsensstamm	*habe-re, habe-o*
i-Konj.	Verben mit -i- im Präsensstamm	*audi-re, audi-o*
konsonantische (kons.) Konj.	Präsensstamm endet auf Konsonant (Mitlaut); vor der Endung wird ein unbetonter **Sprechvokal** eingeschoben	*duc-* *duc-**e**-re* *duc-o, duc-**i**-t, duc-**u**-nt*
gemischte (gem.) Konj. = kurz-vokalische = kurz-i-Konj.	Infinitiv wie kons. Konj., Präsensstamm wie i-Konj.	*capere* *cap-**i**-o, cap-**i**-unt*
Kopula	Verbindung (esse im Präd. mit Prädikatsnomen)	*puer magnus **est**:* der Junge **ist** groß
M		
Masculinum (m)	männliches Geschlecht (des Substantivs)	*dominus:* **der** Herr *iudex:* **der** Richter
N		
Neutrum (n)	sächliches Geschlecht (des Substantivs)	*for**um**:* (der) Marktplatz (**lat. n;** dt. m) *op**us**, operis:* das Werk
Nomen (Pl. Nomina)	deklinierbares Wort (Subst.; Adj.; Pron.)	*opus, operis,* n: das Werk; *liber, era erum; suus, a, um*
Nominativ (Nom.)	1. Fall: wer oder was?	*dominus:* der Herr *domina:* die Herrin *forum* (!): der Marktplatz
Nebensatz = Gliedsatz	untergeordneter Satz	Das Essen, **das wir gekocht haben**, ist gut.
Numerus	Zahl	Singular, Plural (Sg., Pl.)
O		
Objekt (Obj.)	Ergänzung (s. die Kasus Akk./Dat.)	(s. Akk. Obj., Dat. Obj.)
P		
Partizip Perfekt Passiv (Part. Perf. Pass./PPP)	Mittelwort der Vergangenheit im Passiv	*lauda**tus, -a, -um*** *moli**tus, -a, -um***
Partikel	kleines, unveränderliches Wort	***-ne*** (s. Fragepartikel)

Lateinischer / grammatischer Begriff	Deutsche Übersetzung Erklärung / Frage	Beispiele
Passiv (Pass.)	„Leideform“	*lauda**tur**:* er **wird** gelobt *lauda**tus est**:* er **ist** gelobt **worden**/ **wurde gelobt**...
Perfekt (Perf.)	vollendete Gegenwart lat: auch zur Bezeichnung der Aktionsart = neu eintretende/ einmalige/abgeschlossene Handlung (punktuell)	*lauda**vit**:* er **hat gelobt/lobte** *du**xit**:* er **hat geführt/führte**
Perfektstamm (Perf. Stamm)	aus der 1. Pers. Sg. Perf. Akt. zu entnehmen (2. Form in den Vokabelangaben)	***dux**-(i)* ***laudav**-(i)*
Dehnungsperfekt (Dehnungs-Perf.)	Perfektbildung durch Dehnung des Präsensstammes	***ven**-i*
s-Perfekt (s-Perf.)	Perfektbildung mit -s-	*du**x**-i:* (aus *duc-si*)
u-Perfekt (u-Perf.)	die meisten Verben der e-Konj.	*hab**u**-i*
v-Perfekt (v-Perf.)	viele Verben der a- und i-Konj.	*lauda**v**-i, audi**v**-i*
Plural (Pl.)	Mehrzahl	*domin**i**:* **die** Herr**en**... *domin**ae**:* **die** Herr**innen**... *oper**a**:* **die** Werk**e**...
Plusquamperfekt (Plusquam.)	vollendete Vorvergangenheit	*lauda**verant*** *du**xerant*** *lauda**ti erant**...*
Possessivpronomen (Poss.-Pron.)	besitzanzeigendes Fürwort	*meus:* mein, *tuus:* dein, *noster:* unser, *vester:* euer, *suus:* sein/ihr, *eius/eorum/earum*: sein/ihr
Prädikat (Präd.)	Satzaussage, Geschehenskern	*pater **vocat**:* der Vater **ruft** *filium **vocavit**:* **er hat** den Sohn **gerufen**
mehrteiliges Prädikat	Prädikat, das aus mehreren Wörtern besteht	***bonum est**:* es **ist gut** ***laudatus est**:* er **ist gelobt worden**
Prädikatsgruppe (P-Gruppe)	Prädikat, das aus mehreren Wörtern besteht	(s. mehrteiliges Präd.)
Prädikatskern	konjugierter Teil des Prädikats = Hilfsverb („Kopula“)	*magnus **est**:* er **ist** groß
nominales Prädikat	Prädikat, das aus Hilfsverb (Kopula) und Nomen besteht	(vgl. Prädikatsnomen)
Prädikatsnomen (Präd.-Nomen)	Gleichsetzungsnominativ/ Prädikatsnominativ: Adj. oder Subst. in einem mehrteiligen Prädikat mit esse als Kopula	***magnus** est:* **er** ist groß *Caesar **consul** fuit:* Caesar war **Konsul**
Präposition (Präp.)	Verhältniswort/vorangestelltes Wort	***a, ab**:* von ***in**:* in, an, auf
Präsens (Präs.)	Gegenwart	*vocat:* er ruft
Präsensstamm (Präs.-Stamm)	Verbstamm, von dem Präs., Imp., Fut. I gebildet werden	*lauda-, habe-* *audi-, duc-*

Lateinischer / grammatischer Begriff	**Deutsche Übersetzung Erklärung / Frage**	**Beispiele**
Präteritum	deutsches Vergangenheitstempus (oft Imperfekt genannt)	er kam, war
Pronomen (Pron.)	Fürwort/Stellvertreter	
Personalpronomen (Pers.- Pron.)	persönliches Fürwort	*ego:* ich; *tu:* du...
S		
Satzteil = Satzglied	Funktion eines Wortes im Satz	Subj. = Subjekt, Obj. = Objekt Attr. = Attribut
Singular (Sg.)	Einzahl	*dominus:* **der** Herr *domina:* **die** Herrin *opus:* **das** Werk
Sprechvokal	Bindevokal, der zwischen Stamm und Endung steht	*reg-**i**-t* *reg-**u**-nt*
Stamm	Wortstock + Themavokal (= Stammbildungssuffix) eines Wortes	***laud-a, aud-i-*** (Verb) ***domin-a-*** (Subst.)
Stammformen	die vier im Vokabelverzeichnis angegebenen Verbformen zur Bildung der Tempora: 1. Pers. Sg. Präs. Akt. 1. Pers. Sg. Perf. Akt. Part. Perf. Pass. (PPP) Infinitiv Präs. Akt.	 *habeo* *habui* *habitum* *habere*
Stock = Wortstock	unveränderlicher erster Teil des Wortes (im Gen. Sg. des Nomens; in der 1. Pers. Sg. Präs. Akt. des Verbs zu erkennen)	 ***domin**-(i)* (Subst.) ***am**-o; **hab**-(ere)* (Verb)
Substantiv (Subst.)	Hauptwort	*dominus:* Herr *pater:* Vater
Subjekt (Subj.)	Satzgegenstand, Grundgröße (immer Nom.)	***pater** filium vocat:* **der Vater** ruft den Sohn
Supinstamm (= PPP-Stamm)	Verbstamm, von dem das Part. Präs. Pass. (PPP) gebildet wird	***habit**-(um), **duct**-(um)* (s. „Stammformen")
T		
Tempus (Pl. Tempora)	Zeitform des Verbs	Präsens Perfekt
Tempuszeichen (Zeitzeichen)	Zeichen (Morphem) zur Bildung eines Tempus	*lauda-**ba**-t:* er lob**te**
temporal	zeitlich	

Lateinischer / grammatischer Begriff	Deutsche Übersetzung Erklärung / Frage	Beispiele
V		
Vokativ	Anredeform	Mar**ce**! Mi **fili**! Markus! Mein Sohn!
W		
werden	im Dt. Hilfsverb zur Bildung des Futur und des Passiv	er **wird** gerufen (Präs. Pass.) er **wird** rufen (Fut. I Akt.) er **wird** gerufen **werden** (Fut. I Pass.)
Wortblock	dem Sinn nach zusammengehörende Wörter (z. B. Subst. + Attr.)	*frumen**tum** mola moli**tum**:* **das** mit der Mühle gemahlene **Getreide**
Wortstamm	s. „Stamm"	
Wortstock	s. „Stock"	
Z		
Zeitstufe	s. „Tempus"	Gegenwart, Vergangenheit, Zukunft
Zeitzeichen = Tempuszeichen	Morphem zur Bildung der Tempora (vgl. Tempuszeichen)	***-ba-*** (Imperfekt) ***-bo(-), -bi-, -bu-*** (Futur I)

Vokabelverzeichnis

A

a, ab, abs + Abl.	von, von ... her
a quo	von wem?
absum, afui, –, abesse	abwesend, entfernt sein
accipio, accepi, acceptum, accipere	annehmen, empfangen
accusator, oris, m	Ankläger
accuso, accusavi, accusatum, accusare	anklagen („Akkusativ")
actor, oris, m	Schauspieler, „Akteur"
ad + Akk.	zu ... hin, an, bei
addo, addidi, additum, addere	hinzutun, hinzufügen
adduco, adduxi, adductum, adducere	heranführen, veranlassen
adicio, adieci, adiectum, adicere	zufügen, hinwerfen
adiuvo, adiuvi, adiutum, adiuvare	helfen, unterstützen
adsum, adfui, –, adesse	dasein, helfen
adversarius, i, m	Gegner (Adj.: gegnerisch)
advolo, advolare	herbeieilen, kommen
aedifico, aedificavi, aedificatum, aedificare	bauen
affirmo, -avi, -atum, affirmare	bestätigen, versichern
ager, agri, m	„Acker", Feld
agito, agitavi, agitatum, agitare	antreiben, (hin und her) bewegen
ago, egi, actum, agere	tun, treiben, (ver)handeln
agricola, ae, m (!)	Bauer
alienus, a, um	fremd
alius, alia, aliud	anderer, der eine ... der andere
ambulo, -avi, –, ambulare	spazierengehen
amica, ae, f	Freundin
amicus, i, m	Freund
amo, amavi, amatum, amare	lieben
amor, amoris, m	Liebe
an	oder
animadverto, -verti, -versum, -vertere	bemerken, achtgeben
animus, i, m	Geist, Herz, Mut, Sinn
annus, i, m	Jahr
ante + Akk.	vor
antiquus, a, m	alt, „antik"
applaudo, applausi, applausum, applaudere	Beifall klatschen, „applaudieren"
appropinquo, appropinquavi, appropinquatum, appropinquare	sich nähern
aqua, ae, f	Wasser
arbor, arboris, f (!)	Baum
argentum, i, m	Silber, Geld
arma, orum, n (Pl.)	Waffen
ascendo, ascensi, ascensum, ascendere	hinaufsteigen
aspecto, aspectavi, aspectatum, aspectare	ansehen
attentus, a, um	aufmerksam, angespannt
audio, audivi, auditum, audire	hören, zuhören
auditor, auditoris, m (audire)	Hörer
aula, ae, f	Hof
auris, auris, f	Ohr
autem	aber
avia, ae, f	Großmutter
avunculus, i, m	Onkel (mütterlicherseits)
avus, i, m	Großvater

B

barba, ae, f	Bart
bellum, i, n	Krieg
bene (Adv.)	gut
bonus, a, um	gut

C

cado, cécidi, casum, cadere	fallen („Kasus")
caedo, cecīdi, caesum, caedere	fällen, niedermachen, schlachten, töten
callidus, a, um	klug, schlau
calvus, a, um	kahl

campus, i, m	Feld
capillus, i, m	Haar
capio, cepi, captum, capere	nehmen, fangen, fassen
caput, capitis, n	Haupt, Hauptstadt, Kopf
carcer, carceris, m	Kerker, ‚Karzer‘
carrus, i, m	Wagen
cedo, cessi, cessum, cedere	weichen, gehen
celeriter (Adv.)	schnell
cena, ae, f	(Abend-)Essen
ceno, cenavi, cenatum, cenare	speisen (von der Hauptmahlzeit am Abend)
censeo, censui, censum, censere	schätzen, meinen, beschließen
centum → C	hundert
certo, certavi, certatum, certare	kämpfen, wetteifern
certus, a, um	sicher
certe (Adv.)	sicher(lich)
civis, is, m	Bürger
clamo, -avi, -atum, clamare	schreien, laut rufen
clamor, clamoris, m	Geschrei
clementia, ae, f	Milde, Nachsicht
commodum, i, n	Vorteil, Nutzen
computo, -avi, -atum, computare	zusammenrechnen, (be)rechnen, überschlagen („Computer")
coniux, coniugis, f	Frau, Gemahlin
consīdo, -sēdi, -sessum, consīdere	sich setzen, sich niederlassen
consilium, i, n	Rat, Plan, Entschluss
construo, construxi, constructum, construere	bauen, errichten, „konstruieren"
consul, consulis, m	Konsul (einer der beiden höchsten Beamten)
consulo, consului, consultum, consulere	(be-)fragen, beraten, beschließen
contra + Akk.	gegen
convenio, conveni, conventum, convenire	zusammenkommen
conviva, ae, m (!)	Gast
copia, ae, f	Menge, Vorrat, Pl.: Truppen, Vorräte
cornu, us, n	Horn, (Heeres-)Flügel
corpus, corporis, n	Körper
creo, creavi, creatum, creare	schaffen, wählen
cum + Abl.	mit, mit . . . zusammen
cum	sobald, wenn
cunctus, a, um	ganz (Pl.: alle)
cupidus, a, um	gierig, neugierig
cupio, cupivi, cupitum, cupere	wünschen, begehren
cura, ae, f	Sorge, Fürsorge, Pflege („Kur")
curo, curavi, curatum, curare	sorgen, sich kümmern um („kurieren")

D

dare	s. **do**
de	von, von . . . herab, über
dea, ae, f	Göttin
damno, -avi, -atum, damnare	verurteilen
debeo, debui, –, debere	müssen, schulden, verdanken
decem → X	zehn
decet, decuit, decere (+ Infinitiv)	es ziemt sich, man muss
decimus, a, um	zehnter
decipio, decepi, deceptum, decipere	täuschen, enttäuschen
decurio, -onis, m	Stadtrat
defendo, defendi, defensum, defendere	verteidigen, abwehren
deinde (de inde)	von da an, darauf, ferner
deleo, -vi, -tum, delere	zerstören
deligo, delegi, delectum, deligere	(aus-)wählen, delegieren, abordnen
delictum, i, n	Vergehen, Fehler
demonstro, -avi, -atum, demonstrare	zeigen, beweisen, „demonstrieren"
describo, -scripsi, -scriptum, describere	beschreiben („descriptiv")
desidero, desideravi, desideratum, desiderare	wünschen, ersehnen, sich sehnen nach
deus, i, m	Gott
dexter, dextra, dextrum	rechts
dico, dixi, dictum, dicere	sagen, reden („diktieren")
digitus, i, m	Finger
discipula, ae, f	Schülerin
discipulus, i, m	Schüler
disco, didici, –, discere	lernen
diu	lange

divinus, a, um	göttlich
divitiae, arum, f (Pl.)	Reichtum
divus, a, um	göttlich, unter die Götter versetzt
do, dedi, datum, dare	geben („Datum" = gegeben am ...)
doceo, -ui, doctum, docere	lehren, unterrichten
dolus, i, m	List
domina, ae, f	Herrin
dominus, i, m	Herr
domum	nach Hause
dono, donavi, donatum, donare	schenken
donum, i	Geschenk
dormio, dormivi, –, dormire	schlafen
duco, duxi, ductum, ducere	führen, ziehen, meinen
duo, duae, dua	zwei

E

ecce	da! sieh da!
ego	ich (nur bei besonderer Betonung) („Egoist")
educo, -avi, -atum, educare	erziehen
eius, eorum, earum	sein, ihr
eligo, elegi, electum, eligere	auswählen
eques, equitis, m	Reiter, Ritter
equus, i, m	Pferd
ero, eris	s. **sum**
erro, erravi, -atum, errare	irren
esse, sum, fui, –	sein
et	und
etiam	auch, sogar
evolo, -avi, –, evolare	herausfliegen, -eilen, entfliehen
ex, e + Abl.	aus, von ... her
excedo, excessi, excessum, excedere	herausgehen, sich entfernen
exerceo, exercui, exercitum, exercere	üben („exerzieren")
existimo, existimavi, existimatum, existimare	(ein-)schätzen, meinen
expecto, expectavi, expectatum, expectare	ausschauen, erwarten

F

facio, feci, factum, facere	machen
falsus, a, um	„falsch"
femina, ae, f	Frau („feminimum")
fenestra, ae, f	Fenster
fides, ei, f	Treue, Glaube, Vertrauen
filia, ae, f	Tochter
filius, i, m	Sohn
finio, finivi, finitum, finire	beenden, begrenzen
finitimus, a, um	benachbart, Nachbar
firmus, a, um	stark, sicher, zuverlässig
flavus, a, um	blond
flos, floris, m	Blume
formosus, a, um	schön, wohlgestaltet
fortasse	vielleicht
forum, i, n	Marktplatz
frater, tris, m	Bruder
frustra	vergeblich
fugio, fugi, fugitum, fugere	fliehen, meiden
fur, furis, m	Dieb

G

Gallia, ae, f	Gallien
gaudium, i, n	Freude („Gaudi")
gaudeo, gaudere	sich freuen
genus, generis, n	Geschlecht, Familie, Art
Germanicus, a, um	germanisch, Germanicus (Beiname)
gero, gessi, gestum, gerere	tragen, führen, machen
bellum gerere	Krieg führen
pugnam gerere	eine Schlacht schlagen
gladius, i, m	Schwert
gloria, ae, f	Ruhm
Graecus, a, um	griechisch
gratia, ae, f	Dank, Gunst, Ansehen

H

habeo, habui, habitum, habere	haben, halten, halten für
habito, -avi, –, habitare	(be-)wohnen

hasta, ae, f	Lanze, Speer
heri	gestern
hic	hier
hodie	heute
homo, hominis, m	Mensch, Mann
honor, honoris, m	Ehre, Ehrenamt
hora, ae, f	Stunde
horrendus, a, um	schauervoll, schrecklich, ehrwürdig, „horrend"
hortus, i, m	Garten
huc (Adv.)	hierher
humanus, a, um	menschlich, „human"

I

iacēo, iacui, –, iacēre	liegen
iam	schon, gleich, jetzt
ibi	dort
immensus, a, um	ungeheuer, unermesslich, „immens"
imperator, oris, m	Herrscher, Feldherr, Kaiser
improbus, a, um	unredlich, schlecht
in mit Akk.; Abl.	in, nach; in, an, auf, bei
incito, incitavi, incitatum, incitare	antreiben, erregen
incola, ae, m (!)	Einwohner
indico, indicavi, indicatum, indicare	(an-)zeigen
induo, indui, indutum, induere	bekleiden, anziehen
inscribo, -scripsi, -scriptum, inscribere	hineinschauen, schreiben auf („Inschrift")
inter + Akk.	zwischen, unter
interrogo, -rogavi, -rogatum, -rogare	fragen, befragen
intro, intravi, intratum, intrare	betreten, eintreten
invenio, inveni, inventum, invenire	finden, erfinden
invito, invitavi, invitatum, invitare	einladen
ita	so
itaque	und so, daher
iubeo, iussi, iussum, iubere	befehlen, auftragen
iudex, iudicis, m	Richter
iure (Adv.)	mit Recht („Jura", „Jurist")
ius, iuris, n	Recht
ius, iuris, n	Saft
iustus, a, um	gerecht, recht, richtig

L

labor, laboris, m	Arbeit, Mühe
laboro, laboravi, laboratum, laborare	arbeiten, sich anstrengen
lac, lactis, f	Milch
laetitia, ae, f	Freude
laetus, a, um	froh, fröhlich
lapis, lapidis, m	Stein
Latinus, a, m	latinisch, lateinisch
laudo, laudavi, laudatum, laudare	loben
legionarius, i, m	Legionär
lego, legi, lectum, legere	lesen, sammeln („Lektüre")
leo, leonis, m	Löwe
lex, legis, f	Gesetz („legal")
libenter (Adv.)	gern
liber, libri, m	Buch
liber, libera, liberum	frei
liberi, liberorum (Pl.)	Kinder (frei geborene!)
libertus, i, m	Freigelassener
licet	es ist erlaubt, man darf
locus, i, m	Ort
longus, a, um	lang
ludo, lusi, lusum, ludere	spielen
ludus, i, m	Spiel

M

magister, magistri, m	„Meister", Lehrer, Vorsteher
magistratus, us, m	Beamter, Amt, Behörde
magnificus, a, um	großartig, prächtig
magnus, a, um	groß
maleficium, i, n	Streich, Übeltat
maleficus, a, um	gemein, übel
malum, i, n	Apfel
malus, a, um	schlecht
maneo, mansi, mansum, manere	bleiben
manus, us, f	Hand, Schar
mare, is, n	Meer
maritus, i, m	Gatte, Mann
mater, matris, f	Mutter
maximus, a, um	größter

mecum (= cum me)	mit mir
mel, mellis, n	Honig
memoria ae, f	Gedächtnis, Erinnerung („Memory", „memorieren")
mens, mentis, f	Geist, Denkkraft, Verstand
mensa, ae, f	Tisch
mereo, merui, meritum, merere	verdienen, sich verdient machen um
meus, a, um	mein
mi fili! Nom: meus filius	mein Sohn (Anrede)
mille → M	tausend
minister, -stri, m	Diener
misceo, miscui, mixtum, miscere	mischen, vermischen
miser, misera, miserum	elend, unglücklich
mitto, misi, missum, mittere	schicken, loslassen
moles, molis, f	Masse, Last, Riesenbau („Mole" = Steindamm)
moneo, monui, monitum, monere	mahnen, erinnern
mons, montis, m	Berg, Gebirge
monstro, monstravi, monstratum, monstrare	zeigen
mulier, eris, f	Ehefrau, Frau
multi, ae, a	viele
murus, i, m	Mauer
muto, mutavi, mutatum, mutare	ändern („Mutation)

N

nam	denn
narro, narravi, narratum, narrare	erzählen
nasus, i, m	Nase
natus, a, um	geboren, entstanden
nauta, ae, m	Matrose, Seemann
necessarius, a, um	nötig, notwendig
neco, necavi, necatum, necare	töten, morden
nepos, nepotis, m	Enkel
neque ... neque	weder ... noch
nihil	nichts
nobis (Dat./Abl. Pl.)	uns
noli, nolite	„wolle nicht", „wollet nicht" (mit Inf.: verneinter Imperativ)
nomen, nominis, n	„Name"
nomino, nominavi, nominatum, nominare	(be)nennen, ernennen zu („Nominativ")
non	nicht
non iam	nicht mehr
nonne (Fragepartikel)	... nicht? (Antwort „ja")
nonnulli, ae, a	einige
nos	wir, uns (Nom. u. Akk.)
nonnumquam	manchmal
noster, nostra, nostrum	unser
nostri, nostrorum, m	die Unsrigen, unsere Leute
notus, a, um	bekannt
novus a, um	neu
num (Fragepartikel)	... etwa (Antwort „nein")
numero, numeravi, numeratum, numerare	zählen, rechnen, „nummerieren" („Nummer")
numerus, i, m	Zahl, „Nummer", „Numerus" (Sg. und Pl.)
numquam	niemals
nunc	nun, jetzt
nuntio, nuntiavi, nuntiatum, nuntiare	verkünden, melden
nux, nucis, f	„Nuss"

O

obligo, obligavi, obligatum, obligare	binden, verpflichten
occulto, -avi, -atum, occultare	verstecken
occupo, occupavi, occupatum, occupare	einnehmen, besetzen
odium, i, n	Hass
oleum, i, n	Öl
oppidum, i, n	Stadt
optime	sehr gut, bestens
optimus, a, um	bester, sehr gut („Optimist")
opus, operis, n	Werk, Arbeit, Mühe
oratio, orationis, f	Rede
ordo, ordinis, m	Reihe, Stand, Ordnung
ovum, i, n	Ei

P

panis, panis, m	Brot
parentes, parentum (Pl.), m	Eltern
pareo, parui, –, parere	gehorchen („parieren“)
paro, paravi, paratum, parare	bereiten, vorbereiten, (sich) verschaffen
pars, partis, f	Teil, Rolle, Partei
parvus, a, um	klein
pastor, oris, m	Hirte, „Pastor“
pater, patris, m	Vater
patricius, a, um	patrizisch, adelig
patruus, i	Onkel (väterlicherseits)
pax, pacis, f	Friede
per + Akk.	durch, durch Vermittlung von
perficio, -feci, -fectum, -ficere	vollenden, fertig stellen
periculosus, a, um	gefährlich
periculum, i, n	Gefahr
pes, pedis, m	Fuß
peto, petivi, petitum, petere	erstreben, (er-)bitten, losgehen auf
piger, -a, -um	faul
pilum, i, n	Speer, Wurfspieß
placeo, placui, placere	gefallen
plus	mehr, „plus“
poeta, ae, m (!)	Dichter, Poet
pono, posui, positum, ponere	legen, stellen, setzen
populus, i, m	Volk
porta, ae, f	Tor, Tür, „Pforte“
porto, portavi, portatum, portare	tragen
possum, potui, –, posse	können
post + Akk.	nach, hinter
postero die	am folgenden Tag
potes	du kannst
potest	er kann
potestis	ihr könnt
prae + Abl.	vor
praeclarus, a, um	(hoch)berühmt, glänzend, herrlich
praeter + Akk.	vorüber, an . . . vorbei, außer
praetor, praetoris, m	Prätor (oberster Richter, auch Heerführer oder Statthalter)
primo	zuerst
primus, a, um	erster
pro + Abl.	für, vor, anstatt
proavus, i, m	Urgroßvater
probo, probavi, probatum, probare	prüfen, billigen, „probieren“
probus, a, um	rechtschaffen, anständig, gut
promitto, promisi, promissum, promittere	versprechen
propero, properavi, –, properare	eilen
puella, ae, f	Mädchen
puer, pueri, m	Junge, Knabe
pugna, ae, f	Kampf, Schlacht
pugno, -avi, -atum, pugnare	kämpfen
pulcher, pulchra, pulchrum	schön
pullus, i, m	(junges) Huhn
puto, putavi, putatum, putare	glauben, meinen

Q

quaero, quaesivi, quaesitum, quaerere	fragen, suchen
qualis (Akk. qualem)?	wie beschaffen, was für ein?
quattuor	vier
quem?	wen?
quis?	wer?
quod	das; dass, da, weil
quoque (nachgestellt)	auch
quot	wie viele? (nicht dekliniert)
quotannis	jährlich, jedes Jahr

R

rapio, rapui, raptum, rapere	rauben, raffen
rego, rexi, rectum, regere	lenken, beherrschen (als König), regieren
relinquo, reliqui, relictum, relinquere	verlassen, zurücklassen
remus, i, m	Ruder
repeto, repetivi, repetitum, repetere	wiederholen („repetieren“)
retineo, -ui, -tinere	zurück-, anhalten

rex, regis, m	König
rideo, risi, risum, ridere	lachen
robustus, a, um	stark, fest, „robust"
Romanus, a, um	römisch
rostra, orum, n (Pl.)	Rednertribüne
rotundus, a, um	rund

S

saepe	oft
salus, salutis, f	Heil, Rettung, Wohlergehen
saluto, salutavi, salutatum, salutare	(be)grüßen
salve!, salvete!	sei gegrüßt!, seid gegrüßt!
satis	genug
scalae, arum, f (Pl.)	Treppe, ‚Skala'
scribo, scripsi, scriptum, scribere	schreiben
sed	aber, sondern
sedeo, sedi, sessum, sedere	sitzen
sedulus, a, um	fleißig
semper	immer
senator, senatoris, m	Senator
sententia, ae, f	„Sentenz", (bedeutungsvoller) Satz, Meinung
septem → VII	sieben → 7
septuaginta → LXX	siebzig
serva, ae, f	Sklavin
servo, servavi, servatum, servare	retten, bewahren
servus, i, m	Sklave
severus, a, um	streng
sic	so
significo, significavi, significatum, significare	ein Zeichen geben, bedeuten, bezeichnen
sinister, sinistra, sinistrum	links
situs, a, um	gelegen
soror, oris, f	Schwester
spes, spei, f	Hoffnung
stabulum, i, n	Stall
statim	sofort
stella, ae, f	Stern
sto, steti, statum, stare	stehen
studium, i, n	Eifer, Beschäftigung, Begeisterung
stupeo, -ui, –, stupere	staunen, stutzen
sub + Akk. oder Abl.	unter
subito	plötzlich
summa, ae, f	Summe
summus, a, um	höchster, oberster
super + Akk.	über, über . . . hinaus
suus, a, um	sein, ihr

T

taberna, ae, f	Laden, Kneipe („Taberne")
tabula, ae, f	‚Tafel', Wachstafel (zum Schreiben)
taceo, tacui, tacitum, tacere	schweigen
tandem	endlich
te	dich
tego, texi, tectum, tegere	bedecken
tegula, ae, f	‚Ziegel'
tempto, -avi, -atum, temptare	versuchen
tempus, temporis, n	Zeit
teneo, tenui, tentum, tenere	(fest)halten, behalten
tero, trivi, tritum, terere	reiben, mahlen, (Pfeffer im Mörser) zerstoßen, mahlen
terra, ae, f	Erde, Land
terreo, terrui, territum, terrere	erschrecken, („Terror")
testis, testis, m	Zeuge
theatrum, i, n	Theater
tibi	dir
timeo, timui, –, timere	fürchten
timor, timoris, m	Furcht
toga, ae, f	Toga (röm. Männergewand)
toga praetexta	Toga mit Purpurstreifen
totus, a, um	ganz, Pl.: alle
trans + Akk.	über, jenseits
transporto, transportavi, transportatum, transportare	hinübertragen, -bringen, „transportieren"
tres, tria	drei
tribunus, i, m	Tribun
(tribunus plebis	Volkstribun
tribunus militum	Militärtribun, Oberst)

tu	du
tum	da, dann, damals
tunica, ae, f	Tunika (Gewand für Männer und Frauen)
tuus, a, um	dein

U

ubi	wo, sobald
universus, a, um	ganz, sämtlich
universum, i, n	„Universum“, All
unus, a, um	ein
ut	wie
uxor, ris, f	(Ehe-)Frau

V

valde	sehr
varius, a, um	verschieden, bunt
venio, veni, ventum, venire	kommen
verbum, in, n	Wort, „Verb“
verto, verti, versum, vertere	wenden
verus, a, um	wahr
vester, vestra, vestrum	euer
veto, vetui, vetitum, vetare	verbieten
via, ae, f	Weg, Straße
vicina, ae, f	Nachbarin, benachbart
vicinus, i, m	Nachbar, benachbart
victoria, ae, f	Sieg
video, vidi, visum, videre	sehen („Video-Film“)
villa, ae, f	Haus, „Villa“
vincio, vinxi, vinctum, vincire	fesseln
vinco, vici, victum, vincere	siegen, besiegen
vinum, i, n	Wein
vires, ium, f	Kräfte
visito, visitavi, visitatum, visitare	besuchen
vita, ae, f	Leben
vitium, i, n	Laster, Fehler
vir, viri, m	Mann
virtus, virtutis, f	Tüchtigkeit, Tapferkeit, Tugend
vivo, vixi, –, vivere	leben
voco, vocavi, vocatum, vocare	rufen, nennen
volo, volui, –, velle	ich will
volunt	sie wollen
vos	ihr (Nom.), euch (Akk.)
votum, i, n	Gelübde
voveo, vovi, votum, vovere	geloben, weihen
vox, vocis, f	Stimme
vult	er will

Stichwortverzeichnis

A

Ablativus (Abl.) 44ff.*
auctoris (des Urhebers) 50ff., 87
instrumentalis (des Mittels) 50ff.
des Ortes 44ff., 48
nach Präpositionen 46, 49ff., 52ff.
separativus (der Trennung) 44ff., 50

Adjektiv (Adj.)
als Attribut (adjektivisches Attr.: adj. Attr.) 63ff.
als Prädikatsnomen (Präd.-Nomen) 7ff., 28f.*

Adverbiale Bestimmung (Adv. Best.) 16ff.
der Art und Weise 17
des Ortes 17
der Zeit 17

Akkusativ (Akk.) 20ff., 44ff.
Akkusativobjekt (Akk. Obj.) 12ff., 28ff.
Akkusativ der Richtung 44ff.

Aktionsart → Perfekt, Imperfekt 114ff.

Aktiv (Akt.) 76, 80, 105ff., 121

Anredeform/Anredekasus (Vokativ) 76

Attribut (Attr.) 16ff., 63ff.
adjektivisches Attr. (adj. Attr.) 63ff.
Genitivattribut (Gen.-Attr.) 32ff.

B

Beziehungswort
→ Adj. → Poss.-Pron. 65

D

Dativ (Dat.) 12ff., 39ff.
possessivus (poss.) 43

Deklination (Dekl.) 20ff., 23, 25, 36, 59ff.

E

eius, eorum, earum → Poss.-Pron. 72f.

F

Futur I (Fut. I) 92ff., 93

G

Genitiv (Gen.) 32ff.

H

Hilfsverb (Kopula) 8

I

ihr → Poss-Pron. 72ff.

Imperativ 76ff., 80ff.

Imperfekt 100ff., 114ff.

in mit Akk. und Abl.
→ Ortsbestimmungen 48, 49ff., 56f.

K

KNG (= **K**asus-**N**umerus-**G**enus-Kongruenz) → Kongruenz 10, 65ff.

Kongruenz → Adj. → Attr.
→ Präd.-Nomen→ Poss.-Pron. 10, 65ff.

Konjugation (Konj.) 76ff.

Kopula → Hilfsverb 8

N

Nominativ (Nom.) 20ff.

O

Objekt (Obj.) → Akk. Obj. 12ff.
Akkusativobjekt (Akk. Obj.) 12ff., 28
Dativobjekt (Dat. Obj.) 12ff., 39ff.

Ortsangaben → Ortsbestimmungen 17

Ortsbestimmungen (Adv. Best. des Ortes) 17

P

Partizip Perfekt Passiv (PPP) 111

Passiv (Pass.) 84, 89ff., 111f., 121

Perfekt (Perf.) 105ff., 111f., 114ff.

Possessivpronomen (Poss.-Pron.) 70ff.
reflexives (refl.) Poss.-Pron. 73ff.
nichtreflexives (nichtrefl.) Poss.-Pron. 73ff.

Plusquamperfekt 118ff.

Prädikat (Präd.) 7ff.
mehrteiliges Prädikat 9f.
Prädikatskern (Präd. Kern) → Kopula 8
Prädikatsnomen (Präd.-Nomen) 7ff., 28

Präpositionen mit Akk. und Abl. (Präp.) 49ff., 52ff.

Präsens (Präs.) 76ff.
Präsens Passiv (Präs. Pass.) 84ff., 89ff.

Präteritum → Imperfekt 100ff., 114ff.

Pronomen → Poss.-Pron. 70ff.

S

Satzglied 8ff., 12ff., 29
sein → Poss.-Pron. 72ff.

Sinnfragen 7ff., 12ff., 131

Sprechvokal 91

Stamm → Dekl. → Akk. → Konj.→ Imperativ 76, 93, 103
Perfektstamm (Perf.-Stamm) 107

Stammformen 111, 113, 124

sub mit Akk. und Abl. 56

Subjekt (Subj.) 12ff.

suus, a, um → Poss.-Pron. 74

V

Vokativ → Anredeform 76

W

werden → Präs. Pass. → Futur 93f.

Wortstock (Stock) 42, 82

Z

Zeitzeichen → Futur → Imperfekt → Perfekt 93, 98, 101, 103, 107

*f. = ... und die nächste Seite
*ff. = ... und folgende Seiten

MENTOR LERN-HILFE

Band 590

Latein

1.–2. Lernjahr

Lateinstart mit Spaß!

Übersetzungen und Übungen
für Anfänger

Lösungsteil

(an der Perforation abtrennen)

Heide Huber

Mentor Verlag München

Nach dem Heraustrennen bitte hier klammern

Lösungen Teil A

Übung 1
S. 8

Prädikate: klapperten, klangen

Übung 2
S. 8

Das Nomen im Prädikat heißt Prädikatsnomen.
Das Prädikatsnomen steht im Nominativ.

Übung 3
S. 10

Das deutsche Prädikatsnomen bleibt immer gleich, das lateinische ändert sich entsprechend dem Subjekt:

Der Wagen	ist	teuer.	Carrus	carus	est.
Die Wagen	sind	teuer.	Carri	cari	sunt.
Die Hütte	ist	teuer.	Casa	cara	est.
Die Hütten	sind	teuer.	Casae	carae	sunt.

Übung 4
S. 10

2. Clara	ist	lieb,	aber der Malefax	ist	ein Tunichtgut.
	HV	PN		HV	PN
Clara	cara	est,	sed Malefax	maleficus	est.
	PN	HV		PN	HV

3. Trotzdem	sind	Marcus und Malefax	Freunde.
	HV		PN

Tamen Marcus et Malefax	amici	sunt.
	PN	HV
4. Auch Clara und Claudia	sind	Freundinnen.
	HV	PN
Et Clara Claudiaque	amicae	sunt.
	PN	HV
5. Aber Clara und Malefax	sind	keine Freunde,
	HV	PN

Sed Clara et Malefax	amici	non	sunt,
	PN		HV

denn ein Streich von Malefax	war	übel	und	erschreckte Clara.
	HV	PN		P
nam maleficum Malefacis	malum	fuit	et Claram	terruit.
	PN	HV		P

Übung 1
S. 12

2. Vera kauft ein Geschenk.

kauft: P (= Prädikat)
Wer kauft? Vera = Subj. (Nom. Sg.)
Wen oder was kauft Vera? ... ein Geschenk = Akk. Obj. (Akk. Sg.)

3. Das Geschenk ist schön.

ist schön: mehrteiliges Prädikat aus
ist = Hilfsverb „sein“
schön = Prädikatspronomen (Nom. Sg.)
Wer oder was ist schön? Das Geschenk = Subj. (Nom. Sg.)

Fortsetzung **Übung 1** **S. 12**

4. Sie gibt der Mutter das Geschenk.

gibt: P
Wer oder was gibt? Sie = Subj. (Nom. Sg.)
Wen oder was gibt sie? . . . das Geschenk = Akk. Obj. (Akk. Sg.)
Wem gibt sie das Geschenk? . . . der Mutter = Dat. Obj. (Dat. Sg.)

5. Die Mutter freut sich.

freut: P
Wer (oder was) freut . . .? Die Mutter = Subj. (Nom. Sg).
Wen freut die Mutter? . . . sich = Akk. Obj. (Akk. Sg.)

Übung 2 **S. 13**

1. Malefax erschreckt Clara durch einen üblen Streich.
2. Er setzt heimlich Frösche ins Atrium.
3. Clara ruft erschrocken den Vater zu Hilfe.
4. Da lachen alle Clara aus. Clara ist wütend.

A

Übung 3 **S. 14**

2. Filia | pupam | amat.
Subj. | Akk. Obj. | P
Die Tochter liebt die Puppe.

3. Mater | laeta | est.
Subj. | PN | HV
Die Mutter ist froh.

4. Dominus | servum | laudat.
Subj. | Akk. Obj. | P
Der Herr lobt den Sklaven.

5. Servus | laetus | est.
Subj. | PN | HV
Der Sklave ist froh.

6. Semper | domino | paret.
| | Subj. + P
Er gehorcht dem Herrn immer.

Übung 4 **S. 15**

a) Endungen auf die Frage „Wer? Was?"	
Sg. a, us, er, um Pl. ae, i, a	a- und o-Dekl.

b) Endungen auf die Frage „Wen? Was?"	
Sg. am, um Pl. as, os, a	a- und o-Dekl.

Übung 5 **S. 15**

a) Endungen auf die Frage „Wer? Was?"	
Sg. or, es, . . .; us, u; es Pl. es, a/ia; us, ua; es	kons./gem.; u-Dekl.; e-Dekl.

Fortsetzung
Übung 5
S. 15

b) Endungen auf die Frage „Wen? Was?“	
Sg. em, (Neutrum: wie Nom.); um, u; em Pl. es, a/ia; us, ua; es	kons./gem.; u-Dekl.; e-Dekl.

Übung 1
S. 18

2. Nächstes Jahr Adv. Best. (Zeit)	fährt P	er Subj.	einen ganzen Monat Adv. Best. (Zeit)	nach Rom. Adv. Best. (Ort)
3. Dort Adv. Best (Ort)	wohnt P	er Subj.	im Haus Adv. Best. (Ort)	seines Onkels. Gen. Attr. zur Adv. Best.
4. Dem Onkel Dat. Obj.	will HV	er Subj.	einen Frosch Akk. Obj.	mitbringen. P

Übung 2
S. 18

1. Atticus (Subj.) | servus (PN) Graecus (Attr. zum PN) est (HV) | et | iam diu (Adv. Best. (Zeit)) | in Italia (Adv. Best. (Ort)) | habitat. (P)

2. Syrus (Subj.) | amicus (PN) Attici (Gen. Attr. zum PN) est (HV) | et | multas (Attr.) horas (Adv. Best. (Zeit)) | fabulas (Akk. Obj.) | narrat. (P)

3. Atticus (Subj.) | pulchras (Attr.) Syri (Gen. Attr.) fabulas (Akk. Obj.) | valde (Adv. Best. (Art)) | amat. (P)

Übung 3
S. 19

1. Atticus ist ein griechischer Sklave und wohnt schon lange in Italien.
2. Syrus ist ein Freund des Atticus und erzählt viele Stunden (lang) Geschichten.
3. Atticus liebt die schönen Geschichten des Syrus sehr.

Lösungen Teil B

Übung 1 + 2
S. 21

Vokabeln Wörterbild

	Vorderseite	Rückseite
1.	capsula:	die ‚Kapsel', Kästchen (für Bücherrollen) f = f
2.	charta:	die ‚Karte' (Papyrusblatt, Papier, Brief, Buch) f = f
3.	fenestra:	das Fenster (Wandöffnung) f → n
4.	murus:	die Mauer (Wand aus Steinen) m → f
5.	papyrus:	das ‚Papier', Papyrusblatt, -rolle (= Buch) m → n
6.	sigillum:	das ‚Siegel' (Bildchen, Relief im Siegelring oder Stempel) n = n
7.	scriptum:	die ‚Schrift' (Geschriebenes, ‚Manuskript' = mit der Hand Geschriebenes) n → f
8.	statua:	die ‚Statue' (Standbild) f = f
9.	stilus:	der ‚Stiel', ‚Stil', Schreibstift (Griffel, Schreibweise) m = m
10.	tabula:	die Tafel (Holzbrettchen) f = f

A + B

B

Übung 3 S. 21

1. Er sieht eine Bücherkapsel.	Capsulam videt. (Sg. f)
2. Er sieht (Papyrus-)Blätter.	Chartas videt. (Pl. f)
3. Er sieht ein Fenster.	Fenestram videt. (Sg. f)
4. Er sieht Mauern.	Muros videt. (Pl. m)
5. Er sieht Papyrusrollen.	Papyros videt. (Pl. m)
6. Er sieht Schreibtafeln.	Tabulas videt. (Pl. f)
7. Er sieht einen Siegelring.	Sigillum videt. (Sg. n)
8. Er sieht eine Statue.	Statuam videt. (Sg. f)
9. Er sieht Stifte und Griffel.	Stilos videt. (Pl. m)
10. Er sieht Schriften.	Scripta videt. (Pl. n)

Übung 4 S. 22

Wer oder Was? (Nominativ)	Wen oder Was? (Akkusativ)
murus fenestra scripta sigillum stilus muri	tabulam scripta papyrum sigillum statuas papyros

Übung 5 S. 22

einer (Sg.)	mehrere (Pl.)
murus fenestra tabulam papyrum sigillum stilus	scripta muri statuas papyros

Übung 6 S. 23

1. Vera lädt als Gäste Cornelia und Titus zum Fest (zur Fete) ein.
2. Cornelia lädt die (ihre) Freundinnen Julia und Ämilia ein; Titus lädt die (seine) Freunde Sextus und Septimus ein.
3. Julia und Ämilia laden die (ihre) Nachbarinnen Octavia und Claudia ein und die Schwestern Faustina und Bella; Sextus und Septimus laden die (ihre) Nachbarn Malefax und Aulus und die Brüder Quintus und Gaius ein.
4. Malefax lädt die (seine) Freunde Lucius (Lutz) und Vera ein. Aber Vera sagt: „ Ich kann nicht mit dir kommen, denn ich habe Gäste eingeladen".
5. Wenig später kommt Malefax zur Fete. Und wen sieht er? Er sieht Vera. Vera lacht und begrüßt Malefax als Gast.

Übung 7 S. 23 **Vokabelkärtchen**

Vorderseite	Rückseite
conviva amica amicus vicinus vicina soror frater	der Gast: m!! die Freundin der Freund der Nachbar die Nachbarin die Schwester der Bruder

Fortsetzung
Übung 7
S. 23

Textbeispiel	Veränderungen
2. amicas	Iulia et Aemilia amicae sunt.
amicos	Sextus et Septimus amici sunt.
3. vicinas	Octavia Claudiaque (!) vicinae sunt.
sorores	Faustina Bellaque (!) sorores sunt. (!!)
vicinos	Malefax Aulusque (!) vicini sunt.
fratres	Quintus Gaiusque (!) fratres sunt. (!!)
4. amicos	Lucius Veraque (!) amici (!) sunt.
convivas	Lucius Veraque convivae sunt.
5. convivam	Malefax conviva est.

Übung 8
S. 24

B

Der deutsche Artikel „die" kommt in unserer Tabelle 16 (sechzehn!) Mal vor!

Lateinische Entsprechungen:
I. Feminina: amica, mulier, amicam, mulierem, amicae, amicas, mulieres, mulieres.
II. Masculina und Neutra: amici, templa, pastores, fratres, amicos, templa, pastores, fratres.

Übung 9
S. 25

Quem Iulius Iustus iudex damnat?

1. Aemilius accusator Flavum servum ante Iulium Iustum iudicem accusat: „Servum vicini accuso! Nam Flavus fur est. Serva mea furem barbatum vidit: barbam flavam habet ut Flavus. Flavus, servus vicini, cerasa mea raptavit.
2. Aemilius Silviam servam vocat, Silvia affirmat: „Furem barbatum vidi, fur barbam flavam habet."
3. Tum Iulius Iustus iudex Tiberium testem interrogat. Tiberius testis narrat: „Heri ante Aemilii hortum ambulo. Subito femina clamat: ‚Adiuvate! Fur cerasa raptat! Tenete barbam flavam!' Vir e horto evolat et saccum portat. Ego furem tenere volo, sed evolat... Barbam flavam manu teneo, nam barba falsa est. Videte! Hic est barba flava!"
4. Subito testis ad Aemilium accusatorem properat. „Videte! Hic in Aemilii veste sunt capilli e barba flava! Hic est corpus delicti!" Itaque Iulius iudex Aemilium accusatorem ad carcerem damnat!

Wen verurteilt Richter Julius der Gerechte?

1. Der Kläger Emil (Emil als Kläger) klagt den Sklaven Flavus vor dem Richter Julius dem Gerechten an: „Ich klage den Sklaven meines Nachbarn an! Denn Flavus ist ein Dieb. Meine Sklavin hat einen bärtigen Dieb gesehen: Er hat einen blonden Bart wie Flavus. Flavus, der Sklave meines Nachbarn, hat meine Kirschen gestohlen."
2. Emil ruft seine Sklavin Silvia, Silvia versichert: „Ich habe den bärtigen Dieb gesehen, der Dieb hat einen blonden Bart."
3. Da befragt Richter Julius der Gerechte den Zeugen Tiberius. Der Zeuge Tiberius erzählt: „Gestern gehe ich vor Emils Garten spazieren. Plötzlich schreit eine Frau: ‚Helft! Ein Dieb stiehlt die Kirschen! Haltet den Blondbart!' Ein Mann eilt aus dem Garten und trägt einen Sack. Ich will den Dieb halten, aber er entflieht... Ich halte (nur) den blonden Bart in der Hand, denn der Bart ist falsch. Seht! Hier ist der blonde Bart!"
4. Plötzlich eilt der Zeuge zum Kläger Emil. „Seht! Hier auf Emils Kleid sind Haare aus dem blonden Bart. Hier ist das Korpus Delicti (Beweisstück)!" Da verurteilt Richter Julius den Kläger Emil zu einer Gefängnisstrafe (Kerker).

Übung 10
S. 26

Nom. Sg	Nom. Pl.	Akk. Pl.
fenestra das Fenster	fenestrae die Fenster	fenestras die Fenster
templum der Tempel	templa die Tempel	templa die Tempel
filia die Tochter	filiae die Töchter	filias die Töchter
corpus (!) der Körper	corpora die Körper	corpora die Körper
domina die Herrin	dominae die Herrinnen	dominas die Herrinnen
caput (!) das Haupt	capita die Häupter	capita die Häupter
forum der Markt	fora die Märkte	fora die Märkte
poeta der Dichter	poetae die Dichter	poetas die Dichter
genus (!) das Geschlecht	genera die Geschlechter	genera die Geschlechter

Übung 11
S. 28

1. Richter: Ist Syrus der Dieb?
   Zeuge: Vielleicht ist Syrus der Dieb. Die Nase ist groß. Auch der Dieb hat eine große Nase. Aber der Kopf ist kahl. Der Dieb jedoch hatte keinen Kahlkopf (nicht einen kahlen Kopf), sondern lange Haare... Syrus ist nicht der Dieb.
2. Richter: Ist Segestes der Dieb?
   Zeuge: Vielleicht ist Segestes der Dieb. Die Haare sind blond, der Bart ist blond. Auch der Dieb hat blonde Haare und einen blonden Bart. Aber die Füße sind klein... Segestes ist nicht der Dieb.
3. Richter: Ist Sextus der Dieb?
   Zeuge: Sextus ist der Dieb! Sextus hat wie der Dieb blonde Haare (capillos flavos) und einen blonden Bart (barbam flavam). Er hat auch große Ohren (aures magnas) und eine große Nase (nasum magnum) und große Füße (pedes magnos).

Übung 12
S. 29

Satzglieder bestimmen

<table>
<tr><td>Aures</td><td>magnae</td><td>sunt</td><td>Aures</td><td>magnas</td><td>habet.</td></tr>
<tr><td rowspan="2">Subj.</td><td>Präd.-Nomen</td><td>Präd.-Kern
= HV</td><td></td><td>Attr. zum
Akk. Obj.</td><td rowspan="2">Präd. + Subj.</td></tr>
<tr><td colspan="2">Präd.</td><td colspan="2">Akk. Obj.</td></tr>
</table>

1. Nasus parvus est. Nasum parvum habet.
2. Capilli flavi sunt. Capillos flavos habet.
3. Pedes magnos habet. Pedes magni sunt.
4. Aures parvae sunt. Aures parvas habet.
5. Caput magnum habet. Caput magnum est. (!) (Im Neutrum ist Nom. = Akk.!)

Fortsetzung
Übung 12
S. 29

Übung 13
S. 30

wer oder was? (Nominativ)	wen oder was? (Akkusativ)
testes testis domini iudex Iustus accusatores servi domina fora dominae accusator	accusatorem testes furem servos dominum accusatores servas fora testem

Übung 14
S. 30

einer (Sg.)	viele (Pl.)
villam pedem murum pes caput forum amica testis	muros pedes villae muri fora testes capita villas corpora

Übung 15
S. 31

Umkehrung der Ü 13

Einer (Sg.)	Viele (Pl.)
accusatorem testis furem iudex Iustus dominum domina testem accusator	testes servos domini accusatores servas servi fora dominae

B

B

Übung 16 S. 31

Umkehrung der Ü 14

Wer oder Was?	Wen oder Was?
pedes (!)	muros
villae	villam
muri	pedes (!)
fora	pedem
testes (!)	fora (!)
capita (!)	murum
pes	testes
caput (!)	capita
forum (!)	villas
corpora (!)	caput (!)
amica	forum (!)
testis	corpora (!)

Frage im Text S. 32

Wessen Tochter mitkommt?
Das ist natürlich *die Mutter* von Malefax!

Übung 1 S. 33

aviae filia
a) die Tochter der Großmutter/der Großmutter Tochter
b) die Tochter von Großmutter
c) Großmutters Tochter

Übung 2 S. 33

1. Sextus Marcius ist der Sohn von (meinem) Großvater Titus Marcius (meines Großvaters T. M.) und mein Onkel väterlicherseits.
2. Titus Scribonius, der Sohn des Aulus Scribonius und der Cornelia, ist mein Onkel mütterlicherseits.
3. Des Sextus Scribonius Sohn ist mein Großvater.
(Der Sohn des S. Scribonius ...)

Übung 3 S. 34

2. „filia aviae Corneliae" – die Tochter von Großmutter Cornelia = Mutter (mater)
3. „filius patris" – der Sohn des Vaters = Bruder (frater)
4. „filia matris" – die Tochter der Mutter = Schwester (soror)
5. „summa ..." – die Gesamtheit der Großväter und Großmütter, der Onkel mütterlicherseits, der Schwestern und Brüder = Familie/Sippe/Geschlecht (gens).

Übung 4 S. 35

1. Gaius Marcius est nomen fratris mei. Marcia est nomen sororis.
Gaius Marcius ist der Name meines Bruders, Marcia der Name meiner Schwester.
2. Nam Marcius est nomen gentis patris mei; Marcia est nomen feminarum gentis patris.
Denn Marcius ist der Name der Familie meines Vaters; Marcia ist der Name der Frauen der Familie meines Vaters.
3. Scribonius est nomen gentis matris meae; Scribonia est nomen mulierum gentis Scriboniorum.
Scribonius ist der Name der Familie meiner Mutter; Scribonia ist der Name der Frauen der Familie der Scribonii (der Scribonier).

Vokabelkärtchen

Übung 5
S. 35

Akk. Sg.	Nom. Sg.	Gen. Sg.	Genus	Bedeutungen
patrem	pater	patris	m	Vater
templum	templum	templi	n	Tempel, heiliger Bezirk
virum	vir	viri	m	Mann
corpus	corpus	corporis	n	Körper
consulem	consul	consulis	m	Konsul
matrem	mater	matris	f	Mutter

Übung 6
S. 35

Genitiv/Singular – Genitiv/Plural		
2. avi avorum	Gen. Sg. Gen. Pl.	des Großvaters der Großväter
3. aviarum aviae	Gen. Pl. Gen. Sg.	der Großmütter der Großmutter
4. virorum viri	Gen. Pl. Gen. Sg.	der Männer des Mannes
5. sororum sororis	Gen. Pl. Gen. Sg.	der Schwestern der Schwester
6. fratris fratrum	Gen. Sg. Gen. Pl.	des Bruders der Brüder

B

Übung 7
S. 36

1. Lutz und Alexander spazieren über das Trajansforum zu der schönen Säule.
2. Dort erwarten sie ihre Freunde, aber sie warten lange vergebens.
3. Da sehen die Jungen den (ihren) Lehrer vor der griechischen Bibliothek.
4. Sie grüßen den Lehrer und fragen: „Wir suchen dringend die Kinder des Livius; sind sie in der Bibliothek?“
5. Der Lehrer (sagt): „Die Bücher des Livius sind nicht hier in der griechischen Bibliothek.“
6. Er zeigt auf die linke der Bibliotheken: „Dort in der lateinischen Bibliothek sind sie. Der Diener der Bibliothek zeigt (euch) gerne den (Stand-)Ort der Bücher.“
7. Die Jungen treten in die lateinische Bibliothek ein und fragen den Diener: „Wir suchen dringend die Kinder des Livius. Wo sind sie?“
8. Der Mann zeigt zur rechten (nach rechts): „Dort im Regal liegen sie.“
9. Die Jungen wundern sich, dann lachen sie: „Nicht die Bücher des Livius, sondern die Kinder des Livius, unsere Freunde, suchen wir.
10. Die Kinder des Livius lesen gerne Livius' Bücher; aber Kinder sind keine (nicht) Bücher, sie liegen nicht im Bücherregal.“

Die Wörter liberi (Kinder) und libri (Bücher) ähneln sich sehr. Da die Kinder vor oder in der Bibliothek nach liberi (Kinder) fragen, denken alle Erwachsenen gleich an libri (Bücher). So hören sie nicht genau genug auf das Wort, das in der Mitte ein -e- hat.

Übung 8
S. 38

Substantive der o-Deklination auf -er

1. Alexander	S
pulchram	A
3. pueri	S
magistrum	S
4. magistrum	S
liberos	A + S
5. magister	S
libri	S
6. sinistram	A
minister	S
librorum	S
7. pueri	S
ministrum	S
liberos	A + S
8. vir	S
dextram/dexteram	A
9. pueri	S
libros	S
liberos	A + S
nostros	A (ein Pronomen)
10. liberi	A + S
libros	S
liberi	A + S
libri	S
librorum	S

Übung 9
S. 38

Satz 1 Traiani forum: Trajansforum, Forum des Trajan

4 Livii liberos: die Kinder des Livius

5 Livii libri: Livius' Bücher

6 sinistram bibliothecarum: die linke der (beiden) Bibliotheken
minister bibliothecae: der Bibliotheksdiener
locum librorum: den Standort der Bücher

7 Livii liberos: die Kinder des Livius

9 liberos (Livii): die Kinder des Livius
Livii libros: die Bücher des Livius
10 liberi Livii: die Kinder des Livius
Livii libros: die Bücher des Livius

in librorum repositorio: im Bücherregal

Übung 10
S. 38

Substantive auf -er			
2. pueri	Gen. Sg./Nom. Pl.	puer, pueri, m	Junge
3. matris	Gen. Sg.	mater, matris, f	Mutter
4. fratres	Nom. Pl./Akk. Pl.	frater, fratris, m	Bruder
5. agri	Gen. Sg/Nom. Pl.	ager, agri, m	Acker
6. viri	Gen. Sg./Nom. Pl.	vir, viri, m	Mann
7. carceris	Gen. Sg.	carcer, carceris, m	Kerker, „Karzer“

Übung 11
S. 39

patri severo, magistri severi, patrum severorum (Gen. Pl.!), magistrum severum (Akk. Sg.!), patrem severum, patres severi (Nom. Pl.!) oder severos (Akk. Pl.!), patris severi (Gen. Sg.!), magistris severis (Dat. oder Abl. Pl.!).

1. DEO NEPTUNO
   PUBLIUS FLAVIUS AGRICOLA
   AULI FLAVII AGRICOLAE FILIUS

2. DEIS MATRONIS
   SUPERINIA SEXTI PATERNI CONIUX

3. DEAE MINERVAE
   SEPTIMUS SCRIBONIUS SIMPLEX
   SEXTI SCRIBONII FILIUS

Übung 1
S. 41

Für die Göttin Virtus (der Göttin Virtus) (hat diesen Altar errichtet) der Großhändler Fatalis, der Freigelassene des Aulus Laetus Gratus ...

Übung 2
S. 42

1. DEAE VENERI
   LUCIUS CALIDIUS EROTICUS
   SEXTI FILIUS

2. DEO MARTI ULTORI
   GAIUS IULIUS OCTAVIANUS
   GAI IULII CAESARIS FILIUS

Übung 3
S. 43

B

1. Caesari (Augusto) et consulibus dona apportant.
2. Patri et matri et sororibus et fratribus donum apportat.

Übung 4
S. 43

a) Dominae non villa, sed argentum est.
   1. Der Herrin „ist" nicht das Haus, sondern Geld.
   2. Der Herrin gehört nicht das Haus, sondern Geld.
   3. Die Herrin hat nicht das Haus, sondern Geld.
      (Die Herrin hat kein Haus, aber Geld.)

b) Servis neque villa neque argentum est.
   1. Den Sklaven „ist" weder ein Haus noch Geld.
   2. Den Sklaven gehört weder Haus noch Geld.
   3. Die Sklaven haben weder ein Haus noch Geld.

c) Patrono multi servi sunt.
   1. Dem Herrn „sind" viele Sklaven.
   2. Dem Herrn gehören viele Sklaven.
   3. Der Herr hat viele Sklaven.

d) Marco et Alexandro (!) amici boni sunt.
   1. Dem Marcus und dem Alexander „sind" gute Freunde
   2. – (!)
   3. Marcus und Alexander haben gute Freunde.

Übung 5
S. 43

Stadt

Übung 1
S. 44

Novaesium	Neuss
Colonia (Agrippina)	Köln
Aquae Granni	Aachen
Bonna	Bonn
Confluentes	Koblenz
Mogontiacum	Mainz
(Augusta) Treverorum	Trier
Borbetomagus	Worms
(Castra) Regina	Regensburg
Augusta (Vindelicorum)	Augsburg
Cambodunum	Kempten

Fortsetzung **Übung 1 S. 44**

Fluss

Mosella	Mosel
Rhenus	Rhein
Moenus	Main
Nicer	Neckar
Danuvius	Donau

Übung 2 S. 46

2. nach Bonn | Bonnam
3. nach Mainz | Mogontiacum
4. nach Aachen | Aquas Granni (Granni: Gen. Sg. unverändert!)
5. nach Trier | Augustam Treverorum (Treverorum: Gen. Pl.)
6. nach Neuss | Novaesium
7. nach Augsburg | Augustam Vindelicorum (Vindelicorum: Gen. Pl., also unverändert!)
8. nach Regensburg | Castra Regina (castra ist Akk. Pl. n!)
9. nach Kempten | Cambodunum

B

Übung 3 S. 47

von Köln | Colonia	nach Bonn | Bonnam
von Bonn | Bonna	nach Mainz | Mogontiacum
von Mainz | Mogontiaco	nach Worms | Borbetomagum
von Worms | Borbetomago	nach Regensburg | Castra Regina (n. Pl.!)
von Germanien | a Germania (!)	nach Rätien | in Raetiam (!) (Länder)
von Regensburg | Castris Reginis (n. Pl.!)	nach Augsburg | Augustam Vindelicorum

Übung 4 S. 48

Er hält sich auf

in Bonn | Bonnae (Lokativ)
in Mainz | Mogontiaci
in Worms | Borbetomagi
in Regensburg | Castris Reginis (n. Pl.: Abl. des Ortes)
in Augsburg | Augustae Vindelicorum

Übung 5 S. 51

Die Verben „befreien", „trennen", „herkommen", „fernhalten", „abwehren" usw. erfordern den Ablativ der Trennung (separativus).

Übung 6 S. 51

a pirata/a piratis:	von dem Piraten/von den Piraten (Abl. auct.)
navigio/navigiis:	mit dem Schiff/mit den Schiffen (Abl. instr.)
a nauta/a nautis:	vom Seemann/von den Seeleuten (Abl. auct.)
a domino/a dominis:	vom Herrn/von den Herren (Abl. auct.)
a filio/a filiis:	vom Sohn/von den Söhnen (Abl. auct.)

Übung 7 S. 52

Wörterbild: Vokabeln

Ergänze beim Kontrollieren gleich die üblichen Vokabelangaben auf deinen Kärtchen. Am besten ordnest du sie alphabetisch, dann kannst du sie beim Übersetzen als selbstgemachtes ‚Lexikon' benutzen.

Fortsetzung
Übung 7
S. 52

Vorderseite	Rückseite
agricolae:	**die** Bauern! Pl.!
agricola, ae, m (!):	der Bauer
frumentum, i, n:	Getreide
mensa, ae, f:	Tisch
mola, ae, f:	Mühle
servus, i, m:	Sklave
mulus, i, m:	‚Muli', Maultier
farina, ae, f:	Mehl
cribra:	**die** Siebe! Pl.!, also ein Neutrum.
cribrum, i, n:	das Sieb
aqua, ae, f:	Wasser
sal, salis, m:	Salz
machina, ae, f:	Maschine
panes:	**die** Brote (Pl.!)
panis, is, m:	das Brot
furnus, i, m:	Ofen
saccus, i, m:	Sack

Übung 8
S. 52

Übersetzung

1. Eurysaces sitzt in seiner (der) Bäckerei am Tisch und bezahlt den Bauern das Getreide.
2. Das Getreide wird mit einer Mühle gemahlen.
3. In der Bäckerei des Eurysaces wird die Mühle nicht von Sklaven, sondern von einem Maultier (Muli) gedreht. Das Maultier wird von einem Sklaven angetrieben.
4. Die Sklaven geben (= sieben) Mehl durch Siebe.
5. Zwischen den Sklaven steht Eurysaces: Er nimmt Salz aus einem Sack und gibt es einem Sklaven. Der Sklave mischt das Salz mit Mehl und gibt Wasser zum Mehl.
6. Mehl, Wasser und Salz werden mit einer Maschine gemischt, ein Maultier dreht die Maschine.
7. Der Teig (das Gemischte) liegt auf dem Tisch und wird von Sklaven zu Broten („in Brote") geknetet.
8. Die Brote werden in runde Formen gebracht (umgeformt).
9. Ein Sklave steht vor einem Ofen und gibt ein Brot in den Ofen; im Ofen werden die Brote gebacken; gebacken werden sie aus dem Ofen gezogen.
10. So erzählt das Monument (Grabmal) des Eurysaces (etwas) über römisches Brot.

Übung 9
S. 55

Präpositionen

Satz	Präp. + Subst.	Kasus	Übersetzung
(1)	**in pistrino**	**Abl.**	in der Bäckerei
	ad mensam	Akk.	am Tisch
(3)	**in pistrino**	**Abl.**	in der Bäckerei
	a servis	**Abl.**	von den Sklaven
	a servo	**Abl.**	von einem Sklaven
(4)	per cribra	Akk.	durch Siebe
(5)	inter servos	Akk.	zwischen/unter den Sklaven
	e sacco	**Abl.**	aus einem Sack
	cum farina	**Abl.**	mit dem Mehl
	ad farinam	Akk.	zum Mehl

B

Fortsetzung
Übung 9
S. 55

(7)	**in mensa**	**Abl.**	auf dem Tisch
	a servis	**Abl.**	von den Sklaven
	in panes	Akk.	in/zu Broten
(8)	in formas rotundas	Akk.	in runde/zu runden Formen
(9)	ante furnum	Akk.	vor dem Ofen
	in furnum	Akk.	in den Ofen
	in furno	**Abl.**	im Ofen
	e furno	**Abl.**	aus dem Ofen
(10)	**de pane Romano**	**Abl.**	über römisches Brot, von...

Übung 10
S. 56

B

Satz	Präpositionen in Verben	
(3)	in-citatur	er/es wird angetrieben
(5)	ex-imit	er nimmt heraus
(7)	sub-igitur	(es) wird unter-geknetet
(8)	trans-formantur	sie werden hinüber- = um-geformt
(9)	ex-trahuntur	sie werden heraus-gezogen

Übung 11
S. 57

1. Avia in villa sedet.
2. Cena a serva paratur.
3. Servi ad laborem incitantur.
4. Filii per agros currunt.
5. Filia cum amico ambulat.
6. Liberi a matre vocantur.
7. Filii ex agris non veniunt.
8. Nauta contra piratas pugnat.
9. Pilum per corpus penetrat.

1. Großmutter sitzt im Haus.
2. Das Essen wird von der Magd zubereitet.
3. Die Sklaven werden zur Arbeit angetrieben.
4. Die Söhne laufen durch die Äcker.
5. Die Tochter geht mit ihrem Freund spazieren.
6. Die Kinder werden von der Mutter gerufen.
7. Die Söhne kommen nicht von den Äckern.
8. Der Seemann kämpft gegen die Piraten.
9. Der Speer dringt durch den Körper.

Übung 12
S. 58

Beim Puzzle können sich folgende Sätze ergeben:

1. Avia per agros ambulat.
   ... / cum matre / cum serva ambulat.
2. Cena a matre / ab amico paratur.
3. Servi a matre / a serva incitantur.
   Filii... / ...incitantur.
4. Filii e villa / ad laborem currunt.
   Servi per agros / e villa / ad laborem currunt.
5. Filia cum matre / cum serva ambulat.
6. Liberi ab amico / a serva vocantur.
7. Filii e villa / per agros non veniunt.
8. Nauta in villa sedet.

Richtig Spaß machen Unsinnsätze (aber bitte grammatisch korrekt!):

Cena contra piratas paratur. Gegen die Piraten wird ein Essen bereitet.
(Gegen Piratenpack hilft eben nur vergiften!)

o-Rätsel

Übung 13
S. 58

Familie „S" = Familie Substantiv
Familie „V" = Familie Verb

	Übersetzung	„Familie"
horto	dem Garten, mit dem/durch den Garten	S
porto	ich trage	V
agito	ich treibe, ich handle	V
subito	plötzlich	(„Findelkind") Adverb!
mulo	dem Maultier, mit dem/durch das Maultier	S
muro	der Mauer, mit der/durch die Mauer	S
monstro	ich zeige; dem Ungeheuer = Monstrum, mit dem/durch das Monstrum	V S
templo	dem Tempel, mit dem/durch den Tempel	S
terreo	ich erschrecke	V
libro	dem Buch, mit dem/durch das Buch	S
libero	ich befreie (Achtung: liberi! „die Kinder" gibt es nur im Plural; libero könnte nur Adjektiv sein: liber, libera, liberum im Dat. und Abl. Sg. wie die oben aufgeführten Substantive)	V

B

Stunden und Tage

Übung 14
S. 59

horarum dierumque:	Wessen? Der Stunden und Tage. (Gen. Pl.)
horis diebusque:	Wem? Den Stunden und Tagen. (Dat. Pl.) Womit? Wodurch? Mit Stunden und Tagen/ Durch Stunden und Tage. (Abl. Pl.)
horam diemque	Wen?/Was? Die Stunde und den Tag. (Akk. Sing.)
horae dieique:	Wessen? Der Stunde und des Tages. (Gen. Sing.) Wem? Der Stunde und dem Tag (Dat. Sing.)
horae diesque:	Wer?/Was? Die Stunden und die Tage. (Nom. Plur.)
horas diesque:	Wen?/Was? Die Stunden und die Tage. (Akk. Plur.)
hora diesque:	Wer?/Was? Die Stunde und der Tag. (Nom. Sing.)
hora dieque:	Womit?/Wodurch? Mit der Stunde und dem Tag/ Durch die Stunde und den Tag. (Abl. Sing.)

Übung 15
S. 59

templum:	res	(Nom. Sg.)	rem	(Akk. Sg.) (!)
hortum:	rem	(Akk. Sg.)		
agri:	rei	(Gen. Sg.)	res	(Nom. Pl.)
agros:	res	(Akk. Pl.)		
horto:	rei	(Dat. Sg.)	re	(Abl. Sg.)
villis:	rebus	(Dat. und Abl. Pl.)		
villae	rei	(Gen. Sg. und Dat. Sg.)	res	(Nom. Pl.)

Übung 16
S. 60

	e-Dekl.	konsonant. Dekl.	o-Dekl.
Singular			
Nom. Gen. Dat. Akk. Abl.	res rei rei rem re	homo hominis homini hominem homine	vir viri viro virum viro
Plural			
Nom. Gen Dat. Akk. Abl.	res rerum rebus res rebus	homines hominum hominibus homines hominibus	viri virorum viris viros viris

Übung 17
S. 60

		u-Dekl./m	o-Dekl./m	u-Dekl./n	o-Dekl./n
Singular	Nom. Gen. Dat. Akk. Abl.	casus casus casui casum casu	carrus carri carro carrum carro	cornu cornus cornu(i) cornu cornu	consilium consilii consilio consilium consilio
Plural	Nom. Gen. Dat. Akk. Abl.	casus casuum casibus casus casibus	carri carrorum carris carros carris	cornua cornuum cornibus cornua cornibus	consilia consiliorum consiliis consilia consiliis

Übung 18
S. 61

a-Rätsel

Familie „Verb“:
a-Konj.: ama! – liebe! voca! – rufe!
pugna! – kämpfe! serva! – rette!

Familie „Substantiv“
a-Dekl., f: pugna: der Kampf, serva: die Sklavin.
o-Dekl., n: fora: die Märkte, templa: die Tempel.
kons. Dekl., n: genera: die Geschlechter, corpora: die Körper.
u-Dekl., n: cornua: die Hörner/Flügel.

In beide Familien passen: pugna: der Kampf, pugna: kämpfe!
serva: die Sklavin, serva: rette!

Ein Single: contra: gegen (Präp.).

Übung 19
S. 61

a) (Keine Lösung).

b) Nom.-Subjekt (I = Sing., II = Plur.)

testes	II, die Zeugen
spes	I, die Hoffnung
gentes	II, die Familien (Geschlechter)
fides	I (nur im Sg. möglich): der Glaube, die Treue

c) Akk.-Akk. Obj.

testes	II, die Zeugen
gentes	II, die Familien
imperatorem	I, den Befehlshaber

d) Dat.-Dat. Obj.

fratribus	II, den Brüdern (kann auch Abl. sein, Adv. Best.!)

e) Abl.-Adv. Best.

fide	I, durch / im Glauben / durch Treue
fratribus	II, mit den Brüdern (Achtung: wenn keine Präp. = wahrscheinlich Dat. Obj.)
corpore	I, mit dem Körper (Präp. suchen!)
re	I, durch die / mit der Sache
die	I, am Tag
matre	I, mit der Mutter (Präp. suchen!)

Akk. nach Präp. passen ebenfalls in die Gruppe Adv. Best.

Übung 20
S. 62

1. ... Servus argento (Abl.) domini gaudet.
   Der Herr gibt dem Sklaven Geld. Der Sklave freut sich über das Geld des Herrn.

2. ... Serva dominae tunica gaudet.
   Die Herrin schenkt der Sklavin eine Tunika. Die Sklavin freut sich über die Tunika der Herrin.

3. ... Servi (oder servae!) dominorum donis gaudent.
   Die Herren geben den Sklaven (oder Sklavinnen!) Geschenke. Die Sklaven (Sklavinnen!) freuen sich über die Geschenke der Herren.

4. ... Uxor floribus pulchris mariti gaudet.
   Der Ehemann bringt seiner (der) Frau schöne Blumen mit. Die Frau freut sich über die schönen Blumen des Mannes.

5. ... Liberi libris magistri gaudent.
   Der Lehrer schenkt den Kindern Bücher. Die Kinder freuen sich über die Bücher des Lehrers.

6. ... Populus pane et circensibus magistratuum gaudet.
   Die Beamten bereiten dem Volk Brot und Spiele. Das Volk freut sich über Brot und Spiele der Beamten.

7. ... Sorores pulchris fratrum rebus gaudent.
   Die Brüder bringen den Schwestern schöne Dinge mit. Die Schwestern freuen sich über die schönen Dinge der Brüder.

Übung 1 S. 63

C. Leo: Vergil lehrt uns: „Das ganze Universum ist aus einem großen Geist entstanden (geboren)." Der Dichter schreibt: „Der Geist bewegt die Masse (Materie)." ... Was bedeutet der Satz?
Lucius: Der Satz bedeutet: Ein Geist lenkt das ganze Universum.
C. Leo: Sehr gut! ... Aber jetzt erklärt: Was für ein (welcher) Geist bewegt die Masse?
Vera: Ein göttlicher Geist bewegt die Masse.
C. Leo: Sehr gut! So ist es: Der Geist (eines) Gottes bewegt die Masse.
Marcus: Die Gesetze der Natur lenken das Universum.
C. Leo: Sehr gut! ... Aber jetzt erklärt einmal: Was für eine Masse (welche Masse) bewegt der Geist?
Lucius: Der Geist bewegt eine große Masse.
Marcus: Der Geist bewegt die Masse der Erde und der Sterne.
C. Leo: Bewegt etwa ein kleiner Geist die Masse? Malefax?
Malefax: ...eine immense (ungeheure) Masse!
C. Leo: Ein kleiner Geist bewegt gar nichts, Malefax!
Vera: Irren ist menschlich: Der kleine Geist des Malefax bewegt eine schreckliche Masse!
Malefax: So ist es! Ich bewege eine schreckliche Masse!

Übung 2 S. 65

Adjektivische Attribute

Zeile	Substantiv + Adj. Attr.	Kasus/Numerus	Genus
4	totum universum	Akk. Sg.	n
5	qualis mens	Nom. Sg.	f
6	mens divina	Nom. Sg.	f
9	qualem molem	Akk. Sg.	f
10	molem magnam	Akk. Sg.	f
12	mens parva	Nom. Sg.	f
13/14	molem immensam	Akk. Sg.	f
15	mens parva	Nom. Sg.	f
16	parva ... mens	Nom. Sg.	f
16/17	molem horrendam	Akk. Sg.	f
18	molem horrendam!	Akk. Sg.	f

Übung 3 S. 66

1. Das Substantiv genus, generis, n gehört zur konsonantischen Deklination. Das Substantiv ist Neutrum (n).
Ein zugehöriges Adjektiv übernimmt das Genus n, aber nicht die Deklination. Es muss also heißen:
genus magnum.
2. Poeta, ae, m gehört zur a-Deklination, ist aber Maskulinum (= natürliches Geschlecht!).
Das zugehörige Adjektiv übernimmt also das Genus m, aber nicht die Deklination. Es muss also heißen:
poeta magnus.

Übung 4 S. 66

2. mente callida – animo callido (Abl. Sg.)
3. menti callidae – animo callido (Dat. Sg.)
4. mentibus callidis – animis callidis (Dat./Abl. Pl.)
5. mentem callidam – animum callidum (Akk. Sg.)
6. mentis callidae – animi callidi (Gen. Sg.)
7. mentes callidae – animi callidi (Nom. Pl.)
mentes callidas – animos callidos (Akk. Pl.)

Übung 5
S. 67

	Kasus, Numerus, Genus	Adj. Attr.	Übersetzung
puer	Nom. Sg. m	magnus	ein großer Junge
mater	Nom. Sg. f	magna	eine große Mutter
poetam	Akk. Sg. m (!)	magnum	einen großen Dichter
nomine	Abl. Sg. n	magno	mit großem Namen
vir	Nom. Sg. m	magnus	ein großer Mann
aures	Nom. Pl. f	magnae	große Ohren
	Akk. Pl. f	magnas	große Ohren

Übung 6
S. 68

Substantiv und Adjektiv

1. magnus
   a) –
   b) hortus magnus
   c) vir magnus
   d) poeta magnus
2. clarorum
   a) –
   b) poetarum clarorum
   c) virorum clarorum
   d) consulum clarorum
3. liberis
   a) feminis liberis
   b) –
   c) consulibus liberis
   d) –
4. liber
   a) –
   b) poeta liber
   c) –
   d) amicus liber
5. parvo
   a) foro parvo
   b) genere parvo
   c) –
   d) corpori parvo (Dat!)
6. boni
   a) patres boni
   b) –
   c) discipuli boni
   d) nautae boni
7. clarum
   a) poetam clarum
   b) consulem clarum
   c) – (Gen. Pl.)
   d) genus clarum
8. noster
   a) pater noster
   b) –
   c) filius noster
   d) –

B

Übung 7
S. 69

Und so müssten die übrigen Adjektive aussehen:

1. a) genus magnum (n!)
2. a) feminarum clararum
3. b) consulis liberi (Gen. Sg. kons. Dekl. des Substantivs)
   d) mentis liberae (Gen. Sg. f!)
4. a) mater libera (f!)
   c) opus liberum (n!)
5. c) puella parva
6. b) matres bonae
7. c) magistratuum clarorum
8. b) mater nostra
   d) corpus nostrum

Als Subjekt kommen in Frage: Päckchen 1. a)–d), Päckchen 4. a)–d), 6. a)–d), Nr. 7 d) genus nostrum (nur dieses Neutrum!), 8. a)–d).

Übung 8
S. 69

Vokabeln Wörterbild

	Vorderseite	Rückseite
1.	abacus, i, m:	Rechenbrett
2.	vas, vasis, n:	Gefäß, ‚Fass', ‚Vase'
3.	liber, libri (!), m:	Buch
4.	opus, operis, n:	Werk, Arbeit, Mühe
5.	puella, ae, f:	Mädchen

Fortsetzung **Übung 8** **S. 69**

6.	auris, auris, f:	Ohr
7.	os, oris, f:	Gesicht, Mund
8.	vestis, vestis, f:	Gewand; Kleid (‚Weste')
9.	discipulus, i, m:	Schüler
10.	filius, i, m:	Sohn
11.	pes, pedis, m:	Fuß
12.	puer, pueri, m:	Junge
13.	capillus, i, m:	Haar; capilli: Plural!
14.	magister, magistri, m:	Lehrer, ‚Meister'
15.	manus, us, f (!):	Hand

Übung 9 **S. 69**

B

1 abacus Romanus; ein/das römische(s) Rechenbrett
2 vas rotundum (möglich auch: pulchrum): rundes Gefäß
3 liber praeclarus (Romanus): hochberühmtes (römisches) Buch
4 opus notum (pulchrum): bekanntes (schönes) Werk
5 puella callida: kluges/schlaues Mädchen
6 auris parva: kleines Ohr
7 os pulchrum: schöner Mund
8 vestis longa: langes Kleid
9 discipulus piger: fauler Schüler (möglich auch: magnus/maleficus/praeclarus/Romanus)
10 filius maleficus: ein nichtsnutziger (möglich auch: übel handelnder, Streiche machender) Sohn
11 pes dexter: rechter Fuß
12 puer magnus: großer Junge
13 capilli flavi: blonde Haare
14 magister severus: strenger Lehrer (möglich auch: Romanus/magnus/praeclarus)
15 manus magna (longa): große (lange) Hand

Plural: 3 libri – praeclari; 4 opera – nota; 6 aures – parvae; 7 ora – pulchra; 9 discipuli – pigri (Romani/magni); 11 pedes – dextri; 15 manus – magnae (!).

Übung 10 **S. 70**

16 (= Nr. 1 von S. 165 unten) capsula, 17 (= 2) charta, 18 (= 3) fenestra, 19 (= 4) murus, 20 (= 5) papyrus, 21 (= 6) sigillum, 22 (= 7) scriptum, 23 (= 8) statua, 24 (= 9) stilus, 25 (= 10) tabula.

Pluralpaare zur Ergänzung von Übung 9: chartae – magnae; papyri – Romani; stili – parvi; tabulae – parvae.

Übung 11 **S. 71**

Vokabeln Wörterbild

	Vorderseite	Rückseite
1	pila, ae, f:	Ball
2	pupa, ae, f:	Puppe
3	trochus, i, m:	(mit klingenden Ringen beschlagener und mit einem Stock angetriebener) Reifen
4	alea, ae, f:	Würfel
5	tabula lusoria, ae, f:	Spielbrett (Es gab verschiedene Brettspiele, von Mühle bis zu schachähnlichen Spielen.)

1. Claudia und Marcus suchen ihre Bälle.
2. Claudia findet ihren Ball und spielt mit Cornelia, ihrer Freundin.
3. Aber Marcus findet seinen Ball nicht, deswegen will er ihren (deren) Ball.
4. Denn Marcus will mit Malefax, seinem Freund, spielen.

5. Claudia und Marcus spielen nicht zusammen, denn Claudia mag (liebt) seinen (dessen) Freund nicht, Marcus mag ihre (deren) Freundin nicht.
6. Da ruft ihr (deren) Vater:
7. „Das da ist mein Ball! Heute will ich mit meinem Ball auf dem Sportplatz der Thermen mit meinen Freunden spielen.
8. Claudia, du kannst mit deinen Puppen spielen, Marcus, du kannst mit deinem Reifen spielen.
9. Ihr könnt auch mit euren Würfeln spielen.
10. Heute dürft ihr sogar (ist es … erlaubt) mit unseren Brettspielen (Spielbrettern) spielen, aber nicht mit meinem Ball."
11. So beendet der Vater ihren Streit.

Fortsetzung
Übung 11
S. 71

Possessivpronomen 1. und 2. Person

Übung 12
S. 72

	1. Person: **mein, unser**	2. Person: **dein, euer**
Sg.	(pila) **mea** **mein** (Ball)	(trocho) **tuo** (mit) **deinem** (Reifen)
Pl.	(cum amicis) **meis** (mit) **meinen** (Freunden)	(pupis) **tuis** (mit) **deinen** Puppen
Pl.	(tabulis) **nostris** (mit) **unseren** (Tafeln)	(aleis) **vestris** (mit) **euren** (Würfeln)

Übung 13
S. 73

A	**Subst. und reflexives Possessivpron.**	
	(1) pilas suas (2) cum amica sua (2) pilam suam (3) pilam suam (4) cum amico suo	ihre Bälle mit ihrer Freundin ihren Ball seinen Ball mit seinem Freund
B	**Subst. und nichtreflexives Possessivpron.**	
	(3) pilam earum (5) amicum eius (5) amicam eius (6) pater eorum (11) controversiam eorum	ihren Ball seinen Freund ihre Freundin ihr Vater ihren Streit

Frage im Text
S. 74

Das reflexive Possessivpronomen richtet sich nach seinem Beziehungswort in Fall, Geschlecht und Zahl (= KNG-Kongruenz!!!)!
Das nichtreflexive Possessivpronomen richtet sich nicht nach dem Beziehungswort (dem Besitztum), sondern nur nach dem Besitzer.
Also: Das reflexive ☒ Possessivpronomen kongruiert mit dem Beziehungswort.

Übung 14
S. 75

Marcus	Carola	(Titus et Marcus)	(Carola et Paula)
eius:	**eius:**	**eorum:**	**earum:**
seinen/dessen	ihren/deren	ihren/deren	ihren/deren

Claudius animum .... laudat.

suum: seinen (eigenen)

C

Übung 1 S. 77

Vokabeln Wörterbild

	Vorderseite	Rückseite
1.	pirata, ae, m (piratae: Pl.):	Pirat
2.	navigium, i, n:	Schiff
3.	praefectus, i, m:	Vorgesetzter, hier Kapitän
4.	nauta, ae, m (nautae: Pl.):	Seemann, Matrose
5.	dominus, i, m:	Herr
6.	filius, i, m:	Sohn
7.	navigare:	segeln
8.	captare:	fangen, einnehmen, kapern
9.	videre:	sehen
10.	imperare:	befehlen
11.	remigare:	rudern

Übung 2 S. 77

1. Der Herr und sein Sohn segeln von Asien nach Italien. Plötzlich nähern sich Piraten.
2. Der Sohn sieht die Piraten und schreit: „Sieh, Kapitän! Piraten kommen (eilen herbei), sie kapern das Schiff!"
3. Der Kapitän befiehlt: „Rudert schnell, Matrosen! Hilf, Neptun! Die Piraten sind da! Wehrt die Piraten ab! Kämpft, Männer! Seid mutig!"
4. Der Herr schreit: „Versteck dich im Schiff, mein Sohn! Hilf, Merkur! Rette meinen Reichtum! Rettet das Schiff, Matrosen!"
5. Der Kapitän (sagt): „Schrei nicht, Herr! Hier hast du ein Schwert! Sei mutig! Mutige kämpfen, sie schreien nicht. Lehre deinen Sohn kämpfen, nicht sich verstecken!"

Übung 3 S. 78

Imperativ Singular	Imperativ Plural
(2) Vide! Sieh!	(3) Remigate! Rudert!
(3) Adiuva! Hilf!	(3) Arcete! Wehrt ab!
(4) Occulta! Verstecke!	(3) Pugnate! Kämpft!
(4) Adiuva! Hilf!	(3) Este ...! Seid ...!
(4) Serva! Rette!	(4) Servate! Rettet!
(5) Noli clamare! Schrei nicht!	
(5) ... es! Sei ...!	
(5) Doce! Lehre!	

Übung 4 S. 78

Anredeformen (Vokative)

Satz	Vok.	Nom.	Satz	Vok.	Nom
(2)	praefecte!	(Nom. praefectus)	(4)	mi fili!	(Nom. meus filius)
(3)	nautae!		(4)	Mercuri!	(Nom. Mercurius)
(3)	Neptune!	(Nom. Neptunus)	(4)	nautae!	
(3)	viri!		(5)	domine!	(Nom. dominus)

Gleiche Endungen in a-/-o-Dekl. und a-/e-Konj.

Übung 5
S. 79

Endung	Deklinationsformen	Konjugationsform	Anzahl
1) o	Dat. Sg., Abl. Sg. (m, n)	1. Sg. Präs. Akt.	3
2) a	Nom., Abl., Vokativ Sg. (f) Nom. Pl., Akk. Pl. (n)	Imperativ Sg.	6 (!)
3) as	Akk. Pl. (f)	2. Sg. Präs. Akt.	2

Gleiche Endungen in kons./gem. und e-Dekl.; e- und i-Konj.

Übung 6
S. 79

C

Endung	Deklinationsformen	Konjugationsform	Anzahl
1) e	Abl. Sg. (kons./gem., e-Dekl.) Vokativ Sg. (o-Dekl.)	Imperativ Sg. (e- und gem. Konj.)	4
2) es	Nom. Pl., Akk. Pl. (kons./gem., e-Dekl.) Nom. Sg. (e-Dekl.)	2. Sg. Präs. Akt. (e-Konj.)	4
3) i	Dat. Sg. (kons./gem., e-Dekl.) Abl. Sg. (reine i-Dekl.) Gen. Sg., Nom. Pl. (o-Dekl.)	Imperativ Sg. (i-, gem. Konj.)	6
4) ei	Gen./Dat. Sg. (e-Dekl.)		2
5) is	Gen. Sg. (kons./gem.) Dat./Abl. Pl. (a-/-o-Dekl.) Nom. Sg. (kons./gem.)	2. Sg. Präs. Akt.	5
6) tis		2. Pl. Akt.	1

Zu den Vokabeln des **Wörterbildes** vgl. nächste Seite Übung 8.

S. 79

Miles: **Singular**

Übung 7
S. 80

1. Obside! Non obsideo (e-Konj.). Obsidere me taedet: Ich belagere nicht.
2. Contende! Non contendo (kons.). Contendere me taedet: Ich kämpfe nicht.
3. Impetum fac! Non facio (gemischte/kurz-i-Konj.). Facere me taedet: Ich mache keinen Angriff.
4. Adversarios circumveni! Non circumvenio (-i-Konj.). Circumvenire me taedet: Ich umzingele nicht.
5. Oppidum oppugna! Non oppugno (a-Konj.). Oppugnare me taedet: Ich bekämpfe nicht.
6. Viros vinci! Non vincio (i-Konj.!). Vincire me taedet: Ich fessele nicht!
7. Feminas liberosque abduc! Non abduco (kons. Konj.). Abducere me taedet: Ich führe nicht weg.

Die ganze Armee verweigert: **Plural**

1. Obsidete! Non obsidemus.
2. Contendite! Non contendimus.
3. Facite! Non facimus.
4. Circumvenite! Non circumvenimus.
5. Oppugnate! Non oppugnamus.
6. Vincite! Non vincimus.
7. Abducite! Non abducimus.

Übung 8
S. 80

1. lorica, ae, f: Brustpanzer
2. galea, ae, f: Helm
3. gladius, i, m: Schwert
4. pilum, i, n: Speer
5. caliga, ae, f: Soldatenstiefel
6. scutum, i, n: der Schild

Galeam, loricam, gladium, pila (keinen vergessen??), caligas (keinen vergessen??), scutum in castra reportat.
Er bringt den Helm, den Brustpanzer, das Schwert, die Speere, die Schuhe, den Schild ins Lager zurück.

Übung 9
S. 81

D. Calculator: Seid gegrüßt, Schüler und Schülerinnen! Nun üben wir Mathematik. Lest die Zahlen, Kinder! I, II, III, IV, V, VI, VII, VIII, IX, X!
Schüler: Eins, zwei … zehn.
D. C.: Schwätz nicht, Malefax! Für Schüler ziemt es sich zu schweigen und zu gehorchen! Komm! Ich werde dir zehn Schläge geben …. Sextus, bring den Stock! Kommt! Haltet Malefax! Ich zähle von eins bis zehn: Eins, zwei, drei … zehn. Nun behältst du die Zahlen sicher im Gedächtnis! Setz dich!
Marcus: Mit Recht nennen die Schüler Decimus nicht Calculator (den Rechenmeister), sondern Plagosus (den Prügelfreudigen/Schläger).
D. C.: Seid aufmerksam (Passt auf)! Nun rechnen wir mit den Fingern.
Marcus: Endlich rechnen wir!
D. C.: Schweig, Marcus! Rechne: V + V = ? … Zeigt die Summe mit den Fingern, Mädchen! Sag die Summe, Vera!
Vera: Fünf plus fünf sind zehn.
D. C.: Nun rechnet: II + III = ?
Marcus: … sind tausend, ungefähr.
D. C.: Was rechnest du (denn da)?
Marcus: Germanien ist von Italien weit entfernt … Ich nehme den Abakus und rechne …

C

Übung 10
S. 83

Verbformen

1. Sg. Präs. Akt.	2. Sg. Präs. Akt.	2. Pl. Präs. Akt.	Inf. Präs. Akt.	Konj.
venio ich komme	venis du kommst	venitis ihr kommt	venire kommen	i-
fugio ich fliehe	fugis du fliehst	fugitis ihr flieht	fugere fliehen	gem.
facio ich mache	facis du machst	facitis ihr macht	facere machen	gem.
cedo ich weiche	cedis du weichst	ceditis ihr weicht	cedere weichen	kons.
scribo ich schreibe	scribis du schreibst	scribitis ihr schreibt	scribere schreiben	kons.
ludo ich spiele	ludis du spielst	luditis ihr spielt	ludere spielen	kons.
quaero ich suche	quaeris du suchst	quaeritis ihr sucht	quaerere suchen/fragen	kons.
consulo ich berate	consulis du berätst	consulitis ihr beratet	consulere beraten, befragen, beschließen	kons.

Übung 11
S. 83

2. consulum	patrum	~~avum~~	tribunorum	filiarum	Akk. Sg., alle anderen Gen. Pl.
3. consulis	quaeris	~~patris~~	venis	facis	Subst. (Gen. Sg.), alle anderen Verben (2. Sg. Präs. Akt.)
4. filium	avum	virum	filiam	~~consulum~~	Gen. Pl., sonst Akk. Sg.
5. luditis	facitis	scribitis	~~nepotis~~	venitis	Subst. (Gen. Sg.), sonst Verben (2. Pl. Präs. Akt)
6. ~~consulis~~	quaeris	fugis	cedis	facis	Kann Subst. (Gen. Sg.) sein, die anderen nur Verb (2. Sg. Präs. Akt.)

Übung 12
S. 84

C

Vokabeln Wörterbild

	Vorderseite	Rückseite
	Architektur	
1.	aulaeum, i, n	Vorhang
2.	scaena, ae, f	Bühne, ‚Szene'
3.	orchestra, ae, f	Orchestra, Tanzplatz
4.	cavea, ae, f	Zuschauerraum
5.	ima cavea	unterster Rang, Parkett
6.	summa cavea	oberster Rang, Galerie
7.	columna, ae, f	Säule
8.	statua, ae, f	Statue, Standbild
	Personen	
9.	decurio, onis, m	der Stadtrat
10.	spectator, oris, m	Zuschauer
11.	symphoniacus, i, m	Musiker
12.	chorus, i, m	Chor (der auch tanzt – wie heute im Musical)
13.	actor, oris, m	Schauspieler, ‚Akteur'

Übung 13
S. 85

1. Claudia und Marcus besuchen das Theater, dort wird ein Schauspiel gegeben.
2. Vor dem Theater sehen sie einen Stadtrat; der Stadtrat wird vom Volk mit Geschrei begrüßt, das Volk begrüßt den Stadtrat und hält ihn zurück (an).
3. Der Stadtrat veranstaltet (gibt) nämlich das Schauspiel und schenkt dem Volk Eintrittsmarken.
4. Endlich wird das Volk von Sklaven zurückgehalten; der Stadtrat betritt das Theater.
5. Auch die Kinder treten ein und betrachten das Bühnengebäude: die Statuen und Säulen des Bühnengebäudes gefallen den Kindern sehr. Säulen und Statuen werden von den Zuschauern gelobt: „Sie sind großartig (prächtig)."
6. Dann steigen die Kinder hinauf in den obersten Rang des Zuschauerraumes, der oberste Rang wird von Kindern und Frauen bestiegen; der unterste Teil des Zuschauerraumes (das Parkett) wird von den Stadträten eingenommen.
7. Plötzlich wird heftig applaudiert, alle Zuschauer klatschen Beifall, denn der Vorhang wird heruntergelassen.

Fortsetzung
Übung 13
S. 85

8. Schon betreten die Musiker die Orchestra; schon wird die Bühne von einem Schauspieler (Akteur) betreten.
9. Der Schauspieler trägt eine Maske, der ganze Kopf wird von (!) der Maske bedeckt.
10. Aber die Stimme des Schauspielers durchtönt die Maske (tönt durch die M.).
11. Daher hören die Zuschauer die Stimme bis zum obersten Teil des Zuschauerraumes; die klangvolle Stimme wird gut gehört (ist gut zu hören); alle Worte werden gehört (hört man).

Übung 14
S. 86

Satz	Prädikate Aktiv	Übersetzung
(1)	visitant	sie besuchen
(2)	vident	sie sehen
	salutat	es (be)grüßt
	retinet	es hält zurück
(3)	dat	er gibt
	donat	er schenkt
(4)	intrat	er betritt
(5)	intrant	sie betreten
	aspectant	sie sehen an
	placent	sie gefallen
	sunt	sie sind

Satz	Prädikate Passiv	Übersetzung
(1)	datur	es wird gegeben
(2)	salutatur	er wird begrüßt
(4)	retinetur	er wird zurückgehalten
(5)	laudantur	sie werden gelobt

Übung 15
S. 86

Satz	Prädikate Aktiv	Übersetzung	Konjugation
(6)	ascendunt	sie steigen hinauf	kons.
(7)	applaudunt	sie applaudieren	kons.
(8)	intrant	sie betreten	a-
(9)	gerit	er trägt	kons.
(10)	personat	sie durchtönt, tönt durch	a-
(11)	audiunt	sie hören	i-

Satz	Prädikate Passiv	Übersetzung	Konjugation
(6)	ascenditur	er wird bestiegen	kons.
	occupatur	er wird eingenommen	a-
(7)	applauditur	es wird applaudiert	kons.
	mittitur	er wird herabgelassen	kons.
(8)	intratur	sie wird betreten	a-
(9)	tegitur	er wird bedeckt	kons.
(11)	auditur	sie wird gehört	i-
	audiuntur	sie werden gehört	i-

Übung 16
S. 87

1. terret: er erschreckt
   (natürlich auch: sie/es erschreckt)
   terrent: sie erschrecken
   terretur: er wird erschreckt
   terrentur: sie werden erschreckt
2. ducit: er führt
   ducunt: sie führen
   ducitur: er wird geführt
   ducuntur: sie werden geführt
3. amat: er liebt
   amant: sie lieben
   amatur: er wird geliebt
   amantur: sie werden geliebt
4. iacit: er wirft
   iaciunt: sie werfen
   iacitur: er wird geworfen
   iaciuntur: sie werden geworfen
5. punit: er bestraft
   puniunt: sie bestrafen
   punitur: er wird bestraft
   puniuntur: sie werden bestraft

Übung 17
S. 88

Ablativendungen

	a-Dekl.	o-Dekl.	kons./ gem. Dekl.	u-Dekl.	e-Dekl.
Sg. Pl.	-a -is	-o -is	-e -ibus	-u -ibus	-e -ebus

C

Übung 18
S. 88

2. Das Volk wird von einem Sklaven zurückgehalten (Pass.).
   a servo: von wem? Abl. auctoris: Abl. Sg. (m)
3. Die Sklaven geben den Pferden Futter; den Pferden wird von den Sklaven Futter gegeben (Akt.; Pass.).
   equis: wem wird . . . gegeben? Dat. Obj.: Dat. Pl.
   a servis: von wem? Abl. auctoris: Abl. Pl.
4. Die Mühle wird von (mit) Maultieren gedreht; das Getreide wird mit der Mühle gemahlen (Pass.; Pass.).
   Mola: wer? was? – Subj.: Nom. Sg.
   mulis: womit? wodurch? Abl. instrumentalis (auch bei Tieren): Abl. Pl.
   mola: womit/wodurch wird das Getreide gemahlen? Abl. instrumentalis: Abl. Sg.
5. Eurysaces zahlt den Bauern das Getreide (Akt.).
   agricolis: wem zahlt Eurysaces? Dat. Obj.: Dat. Pl.
6. Marcus wird vom Rechenlehrer gemahnt: „Du musst schweigen, Marcus!“ (Pass.; Akt.).
   a calculatore: von wem? Abl. auctoris: Abl. Sg.
   tacere: Endung des Infinitiv Präsens Aktiv
   Marce: Vokativ.
7. Der Stadtrat nähert sich dem Theater mit einem Wagen (Akt.).
   decurio: wer nähert sich? – Subj.: Nom. Sg.
   theatro: wem nähert er sich? – Dat. Obj.: Dat. Sg.
   carro: womit/wodurch? – Abl. instrumentalis: Abl. Sg.
8. Den Schauspielern wird von den Zuschauern applaudiert (Pass.).
   actoribus: wem wird applaudiert? – Dat. Obj.: Dat. Pl.
   a spectatoribus: von wem? – Abl. auctoris: Abl. Pl.
9. Die Sklavin macht ihre Arbeiten; die Arbeiten werden von der Sklavin gut gemacht (Akt.; Pass.).
   serva: wer macht? – Subj.: Nom. Sg. (f, a-Dekl.)
   opera: wen oder was macht sie? Akk. Obj.: Akk. Pl. (n, kons. Dekl.)
   opera: wer oder was wird gut gemacht? – Subj.: Nom. Pl. (n, kons. Dekl.)
   a serva: von wem? Abl. auctoris: Abl. Sg. (f, a-Dekl.)

Übung 19
S. 89

1. C.: Wirst du nicht oft nach deinem (über ...) Leben gefragt?
   P.: Ja (= So ist es). Oft werde ich nach meinem Leben und meiner Arbeit gefragt.
2. C.: Wirst du nicht oft in fremde Länder eingeladen?
   P.: Ja, ich werde oft in fremde Länder eingeladen. Oft bin ich in Asien und Germanien.
3. C.: Wirst du etwa durch eine große Zahl von Zuschauern erschreckt?
   P.: Ich werde nicht (davon) erschreckt. Mir gefällt es, eine große Zahl (Menge) von Zuschauern zu haben.
4. C.: Wirst du nicht mit großer Begeisterung (Eifer) empfangen?
   P.: Vom Volk werde ich mit Begeisterung empfangen; aber einige Leute (Menschen/Männer) halten Schauspieler für Menschen der niedrigsten Klasse.
5. C.: Wirst du denn in den großen Theatern gut gehört — wie in unserem Theater? (Hört man dich ...)
   P.: In den großen Theatern werde ich gut gehört (hört man mich gut), weil die(se) Theater gut gebaut sind.
6. C.: Du trägst verschiedene wertvolle Gewänder; von wem wirst du angezogen?
   P.: Ich werde von meinen Sklaven angekleidet. Die Gewänder müssen schnell gewechselt werden, weil ich immer verschiedene Rollen, auch Frauenrollen (Rollen von Frauen) spiele.

Übung 20
S. 90

Prädikate Passiv

(1) interroga-ris:	du wirst gefragt
interrog-or:	ich werde gefragt
(2) invita-ris:	du wirst eingeladen
invit-or:	ich werde eingladen
(3) terre-ris:	du wirst erschreckt
terre-or:	ich werde erschreckt
(4) accip-e-ris:	du wirst empfangen
accip-i-or:	ich werde empfangen
(5) audi-ris:	du wirst gehört
audi-or:	ich werde gehört
(6) indu-e-ris:	du wirst angezogen
indu-or:	ich werde angezogen

Übung 21
S. 91

Plural Passiv

1. (Nonne interrogaris?)
   Nonne interrogamini? Werdet ihr nicht gefragt?
   Interrogamur. Wir werden gefragt.
2. (Nonne invitaris?)
   Nonne invitamini? Werdet ihr nicht eingeladen?
   Invitamur. Wir werden eingeladen.
3. (Num terreris?)
   Num terremini? Werdet ihr etwa erschreckt?
   Non terremur. Wir werden nicht erschreckt.
4. (Nonne acciperis?)
   Nonne accipimini? Werdet ihr nicht empfangen?
   Accipimur. Wir werden empfangen.
5. (Num audiris?)
   Num audimini? Werdet ihr denn gehört?
   Audimur. Wir werden gehört.

C

6. (A quo indueris?)
A quo induimini? Von wem werdet ihr bekleidet?
A servis induimur. Wir werden von Sklaven bekleidet.

Fortsetzung **Übung 21** **S. 91**

Übung 22 **S. 91**

1. sie werden gelobt	laudantur	3. Pl. Präs. Pass.
2. ich werde gelobt	laudor	1. Sg. Präs. Pass.
3. ich werde gefasst	capior	1. Sg. Präs. Pass.
4. ich werde geschickt	mittor	1. Sg. Präs. Pass.
5. sie werden geschickt	mittuntur	3. Pl. Präs. Pass.
6. sie fassen	capiunt	3. Pl. Präs. Akt.
7. du wirst gefasst	caperis	2. Sg. Präs. Pass.
8. du wirst gelobt	laudaris	2. Sg. Präs. Pass.
9. wir mahnen	monemus	1. Pl. Präs. Akt.
10. ihr werdet gemahnt	monemini	2. Pl. Präs. Pass.
11. ihr werdet geschickt	mittimini	2. Pl. Präs. Pass.
12. sie hören	audiunt	3. Pl. Präs. Akt.
13. er wird gehört	auditur	3. Sg. Präs. Pass.
14. er wird gemahnt	monetur	3. Sg. Präs. Pass.
15. du wirst gemahnt	moneris	2. Sg. Präs. Pass.
16. du wirst gehört	audiris	2. Sg. Präs. Pass.
17. wir werden gemahnt	monemur	1. Pl. Präs. Pass.
18. sie werden gehört	audiuntur	3. Pl. Präs. Pass.
19. sie schicken	mittunt	3. Pl. Präs. Akt.
20. er wird geschickt	mittitur	3. Sg. Präs. Pass.

C

Übung 1 **S. 93**

ich werde geben	da-	b	-o
du wirst schweigen	tace-	bi	-s
er wird irren	erra-	bi	-t
wir werden erschrecken	terre-	bi	-mus
ihr werdet retten	serva-	bi	-tis
sie werden zurückhalten	retine-	bu	-nt

Futur I Aktiv und Präsens Passiv

Übung 2 **S. 94**

1. sie werden mahnen	3. Pl. Fut. I Akt.	monebunt
2. er wird gelobt	3. Sg. Präs. Pass.	laudatur
3. ihr werdet zurückgehalten	2. Pl. Präs. Pass.	retinemini
4. ich werde retten	1. Sg. Fut. I Akt.	servabo
5. wir werden gelobt	1. Pl. Präs. Pass.	laudamur
6. er wird haben	3. Sg. Fut. I Akt.	habebit
7. ich werde gemahnt	1. Sg. Präs. Pass.	moneor
8. ich werde gerettet	1. Sg. Präs. Pass.	servor
9. sie werden gehalten	3. Pl. Präs. Pass.	tenentur
10. wir werden haben	1. Pl. Fut. I Akt.	habebimus

Übung 3 S. 95 **Futur I Aktiv oder Passiv?**

1. tenebitur	er wird gehalten werden	Fut. Pass.
2. tacebo	ich werde schweigen	Fut. Akt.
3. laudabimini	ihr werdet gelobt werden	Fut. Pass.
4. terrebuntur	sie werden erschreckt werden	Fut. Pass.
5. retinebitis	ihr werde zurückhalten	Fut. Akt.
6. errabunt	sie werden irren	Fut. Akt.
7. servabimur	wir werden gerettet werden	Fut. Pass.
8. tacebimus	wir werden schweigen	Fut. Akt.
9. dabit	er wird geben	Fut. Akt.
10. moneberis	du wirst gemahnt werden	Fut. Pass.
11. habebis	du wirst haben	Fut. Akt.
12. terrebor	ich werde erschreckt werden	Fut. Pass.

C

Übung 4 S. 96 **Vokabeln Wörterbild**

	Vorderseite	Rückseite
1.	ovum, i, n	Ei
2.	lac, lactis, f	Milch
3.	oleum, i, n	Öl
4.	mel, mellis, n	Honig
5.	piper, piperis, n	Pfeffer
6.	patella, ae, f	Teller, Pfanne

Übung 5 S. 97

Prädikate:
miscebis, facies, adicies, adicies, vertes, perfundes, adsparges.

Apicius verwendet auf Lateinisch das Futur, das deutsche Rezept den Infinitiv.

Die wörtliche Übersetzung lautet also so:
Du wirst vier Eier, einen Viertelliter Milch, eine Unze (ca. 30 g) Öl mischen und gut verrühren („einen Körper machen"). Du wirst ein wenig Öl in eine Pfanne geben (zufügen). Wenn es heiß sein wird (kochen wird), wirst du die Eier hinzufügen. Wenn es auf einer Seite gar sein wird, wirst du es auf eine runde Platte stürzen (wenden), mit Honig übergießen und Pfeffer darüber streuen.

Übung 6 S. 97

misce-bi-s: miscere (e-Konj.), faci-e-s: facere (gem. Konj.), adici-e-s: adicere (gem. Konj.), bulli-e-t: bullire (i-Konj.), adici-e-s: adicere, (coctum) erit: esse, vert-e-s: vertere (kons. Konj.), perfund-e-s: perfundere (kons. Konj.), adsperg-e-s: adspergere (kons. Konj.).

Übung 7 S. 97

Futur	Präsens mit Übersetzung
facies	facis: du machst
adicies	adicis: du fügst hinzu
bulliet	bullit: es kocht
(coctum) erit	est: es ist (gekocht)
vertes	vertis: du wendest
perfundes	perfundis: du übergießt
adsperges	adspergis: du bestreust

Übung 8
S. 99

nunc = ‚jetzt'		postea = ‚später'	
facis	du machst	parabis	du wirst bereiten
miscet	er mischt	mittet	er wird schicken
paro	ich bereite (vor)	cenabo	ich werde speisen
vertunt	sie wenden	ero	ich werde sein
monent	sie mahnen	aspergent	sie werden bestreuen
estis	ihr seid	mittent	sie werden schicken
terretis	ihr erschreckt	facietis	ihr werdet machen
teritis	ihr reibt	cenabitis	ihr werdet speisen
terret	er erschreckt	teretis	ihr werdet reiben (!)
paret	er gehorcht	teret	er wird reiben (!)
parat	er bereitet	parebit	er wird gehorchen (!)

C

Übung 9
S. 99

Wer tanzt hier aus der Reihe?

2. X iudices	facies	cenabis	eris	vertes	Subst., alle anderen Verben (Fut.)
3. ludunt	migrant	sunt	X mittent	vident	mittent Fut., alle anderen Präs.
4. mensam	aviam	X faciam	matrem	portam	faciam Verb (Fut.), alle anderen Subst. (Akk. Sg.)
5. erit	coquet	X monet	parabit	adiciet	monet Präs., alle anderen Fut.
6. terretis	X hortis	paratis	mittitis	estis	hortis Subst. (Dat./Abl. Pl.), alle anderen Verben (2. Pl. Präs. Akt.)

Übung 10
S. 100

Übersetzung, Analyse und Probe „Hin/Zurück"

1. Du wirst Knoblauch, vier Eier, ein wenig Honig mischen.
   Fehler: „vier Knoblauchzehen" (= quattuor allia): Bez / Gr: Pl. / S!
   „ein Ei": Gr: Pl.
   „modischen Honig": Bez / V.
2. Du wirst eine Unze Öl in eine Pfanne (Platte) geben.
   Fehler: „auf den Plattenteller": V, S.
   „verhunztes Öl": V / Bez.
3. So wirst du (einen Körper machen =) gut verrühren.
   Fehler: „Leiche": S!
4. Wenn das (Omelett) auf der einen Seite gar ist, wirst du es auf einem Teller wenden.
   Fehler: „mit deiner einzigen Partnerin" (= cum unica pare): V, K.
   „in der Disco drehen": S!
   „du wirst kochen" (= coques).

Übung 1
S. 100

Prädikate

1. habebant
2. creabat
3. solebant
4. habebant
5. licebat
6. veniebant, cupiebant, debebant
7. habebant, dicebant, erat
8. habebatur, dabant, numerabantur
9. nominabantur

1. In alten Zeiten hielten die Römer auf dem Marsfeld die (ihre) Volksversammlungen ab.
2. Dort wählte das römische Volk jedes Jahr die (beiden) Konsuln und die anderen Ehrenämter.

Fortsetzung
Übung 1
S. 100

3. Die Römer pflegten die Konsuln aus dem Senatorenstand zu wählen.
4. Freie Männer hatten das Wahlrecht (Recht der Wahl).
5. Weder Frauen noch Sklaven war es erlaubt zu wählen.
6. Die Söhne kamen mit den Vätern aufs Marsfeld, denn die Jungen wollten die Konsuln sehen und hören; aber Frauen und Töchter mussten zu Hause bleiben.
7. Zuerst hielten die Kandidaten (die weißgekleideten Männer) Reden, dann sagten andere ihre Meinungen. Immer herrschte (war) großer Lärm.
8. Schließlich wurde die Wahl abgehalten: die Bürger gaben ihre Stimmtäfelchen ab, die Stimmtäfelchen wurden gezählt.
9. Viele Stunden später wurden die Konsuln endlich genannt.

Übung 2
S. 102

esse und errare (Kärtchen)

Vorderseite	Rückseite		
erat	er war	3. Sg. Imp. Akt.	von esse
errabat	er irrte	3. Sg. Imp. Akt.	von errare
eram	ich war	1. Sg. Imp. Akt.	von esse
errabam	ich irrte	1. Sg. Imp. Akt.	von errare
errabant	sie irrten	3. Pl. Imp. Akt.	von errare
erant	sie waren	3. Pl. Imp. Akt	von esse
eratis	ihr wart	2. Pl. Imp. Akt.	von esse
errabamus	wir irrten	1. Pl. Imp. Akt.	von errare

C

esse und errare: Futur

Vorderseite	Rückseite		
erras	du irrst	2. Sg. Präs. Akt.	von errare
eris	du wirst sein	2. Sg. Fut. I	von esse
errabis	du wirst irren	2. Sg. Fut. I Akt.	von errare
erro	ich irre	1. Sg. Präs. Akt.	von errare
ero	ich werde sein	1. Sg. Fut. I Akt.	von esse
errabo	ich werde irren	1. Sg. Fut. I Akt.	von errare
erunt	sie werden sein	3. Pl. Fut. I Akt.	von esse
errabunt	sie werden irren	3. Pl. Fut. I Akt.	von errare
eritis	ihr werdet sein	2. Pl. Fut. I Akt.	von esse
erratis	ihr irrt	2. Pl. Präs. Akt.	von errare
errabimus	wir werden irren	1. Pl. Fut. I Akt.	von errare
erit	er wird sein	3. Sg. Fut. I Akt.	von esse
errat	er irrt	3. Sg. Präs. Akt.	von errare

Übung 3
S. 102

habitare und habere

1. habito	ich wohne	1. Sg. Präs. Akt.
2. habebam	ich hatte	1. Sg. Imp. Akt.
3. habitabat	er wohnte	3. Sg. Imp. Akt.
4. habebamus	wir hatten	1. Pl. Imp. Akt.
5. habitas	du wohnst	2. Sg. Präs. Akt.
6. habeo	ich habe	1. Sg. Präs. Akt.
7. habebant	sie hatten	3. Pl. Imp. Akt.
8. habitant	sie wohnen	3. Pl. Präs. Akt.

Präsens	Imperfekt/Aktiv	
1. audio	audiebam	ich hörte
2. creamus	creabamus	wir schufen, wählten
3. ducis	ducebas	du führtest
4. dicunt	dicebant	sie sagten
5. habetis	habebatis	ihr hattet, hieltet (für)
6. cupit	cupiebat	er wünschte
7. dicit	dicebat	er sagte
8. audiunt	audiebant	sie hörten
9. laudant	laudabant	sie lobten
10. mitto	mittebant	sie schickten

Übung 4
S. 103

C

Präsens	Imperfekt/Passiv	
11. creantur	creabantur	sie wurden geschaffen, gewählt
12. duceris	ducebaris	du wurdest geführt
13. audimini	audiebamini	ihr wurdet gehört
14. mittor	mittebar	ich wurde geschickt
15. cupitur	cupiebatur	er wurde gewünscht
16. monemur	monebamur	sie wurden gemahnt
17. audiris	audiebaris	du wurdest gehört
18. audiuntur	audiebantur	sie wurden gehört

Korrigierte Übersetzung und „Probe Hin und Zurück"

Übung 5
S. 104

1. Die neuen Konsuln stiegen zum Kapitol empor und opferten dem Jupiter einen Stier.
   – ins neue Kapitol: in capitolium novum.
   – des Jupiter: Iovis (Gen.)

2. Dort legten sie Gelübde ab: Sie gelobten entweder einen Marmoraltar, einen neuen Tempel oder andere Dinge.
   – sobald: ubi.
   – ihren Lastern: vitiis (Dat. Pl.)
   – wollten: volebant.
   – Marmortempel: templa marmorea (Bez).
   – neue Altäre: aras novas (Bez).
   – alle Dinge: cunctas res (V).

3. Auf dem Forum (Marktplatz) erwarteten die römischen Bürger neugierig die Beamten.
   – die ‚Zivis'? Bürger: cives.
   – den gierigen römischen Magistraten: cupidum magistratum Romanum.

4. Da wollten auch die Frauen die Beamten hören und sehen.
   – wagen: audere.
   – leben: vivere.

5. Sie kamen mit ihren Männern zur Rednertribüne und freuten sich: „(Die Konsuln stiften) Brot und Spiele!"
   – als ihre Männer kamen: cum mariti veniebant.
   – sie schrien: clamabant.

Fortsetzung Übung 5 S. 104

6. Die Schar der Bürger applaudierte sehr (klatschten laut Beifall).
die ‚Zivis'; Bürger: cives (Nom. Pl.)
mit den Händen: manibus (Abl. Pl.)

Übung 1 S. 108

Präsens	Perfekt	Übersetzung
1. servat	servavit	er hat gerettet, er rettete
2. cenas	cenavisti	du hast gespeist, speistest
3. sunt	fuerunt	sie sind gewesen, sie waren
4. monetis	monuistis	ihr habt gemahnt, ihr mahntet
5. creamus	creavimus	wir haben geschaffen/gewählt, wir schufen, wir wählten
6. es	fuisti (!)	du bist gewesen, du warst
7. paro	paravi (!)	ich habe bereitet, ich bereitete
8. accusat	accusavit	er hat angeklagt, er klagte an
9. monent	monuerunt	sie haben gemahnt, sie mahnten
10. habes	habuisti	du hast gehabt, du hattest

C

Übung 2 S. 108

	Übersetzung	Bestimmung
1. erravit	er hat geirrt, er irrte	3. Sg. Perf. Akt.
2. fui	ich bin gewesen, ich war	1. Sg. Perf. Akt.
3. eram	ich war	1. Sg. Imp. Akt.
4. paraverunt	sie haben bereitet, sie bereiteten	3. Pl. Perf. Akt.
5. estis	ihr seid	2. Pl. Präs. Akt.
6. fuisti	du bist gewesen, du warst	2. Sg. Perf. Akt.
7. eras	du warst	2. Sg. Imp. Akt.
8. erravistis	ihr habt geirrt, ihr irrtet	2. Pl. Perf. Akt.
9. terruit	er hat erschreckt, er erschreckte	3. Sg. Perf. Akt.

Übung 3 S. 109

Die Rätselpyramide

1.							o						
2.						f	u	i					
3.					e	r	a	n	t				
4.				p	a	r	a	v	i	t			
5.			t	e	r	r	u	i	s	t	i		
6.		a	c	c	u	s	a	v	i	m	u	s	
7.	a	p	p	r	o	p	i	n	q	u	a	v	i

Übung 4 S. 110

Prädikate

1. petivit
2. habuit, dixit
3. applausit, vocavit
4. dixit, meruit, paravit, adfuit, accusavit
5. fuit, probaverunt
6. dicta sunt
7. electi sunt, creatus est

Übersetzung

1. In diesem Jahr erstrebte ein homo novus (neuer Mann) das Amt des Konsuls.
2. Der neue Kandidat hielt die beste Rede, er sprach (ge)rechte und wahre Worte.

3. Das römische Volk applaudierte sehr, einer aus dem Volk rief:
4. „Er hat nicht nur wahre Worte gesprochen, sondern er hat sich auch sehr um das Volk verdient gemacht! Er hat Brot und Spiele gestiftet (bereitet)! Er half den Armen und klagte die Verbrecher an!"
5. Plötzlich entstand (war) großer Lärm: Alle billigten die Meinung.
6. Viele Worte wurden für den neuen Mann gesprochen.
7. Und so wurden nicht zwei Patrizier (patrizische Männer) gewählt, sondern ein homo novus wurde zusammen mit einem patrizischen Kollegen zum Konsul gewählt.

Fortsetzung
Übung 4
S. 110

Perfekt-Formen

Übung 5
S. 110

Singular	→ Plural
(1) petiv-it (Sg.)	→ petiv-erunt (Pl.)
(2) habu-it (Sg.) dix-it (Sg.)	→ habu-erunt (Pl.) → dix-erunt (Pl.)
(3) applaus-it (Sg.) vocav-it (Sg.)	→ applaus-erunt (Pl.) → vocav-erunt (Pl.)
(4) dix-it (Sg.) meru-it (Sg.) parav-it (Sg.) adfu-it (Sg.) accusav-it (Sg.)	→ dix-erunt (Pl.) → meru-erunt (Pl.) → parav-erunt (Pl.) → adfu-erunt (Pl.) → accusav-erunt (Pl.)
(5) fu-it (Sg.) probav-erunt (Pl.)	→ fu-erunt (Pl.) → probav-it (Sg.)
(6) dicta sunt (Pl.)	→ dictum est (Sg.)
(7) electi sunt (Pl.) creatus est (Sg.)	→ electus est (Sg.) → creati sunt (Pl.)

C

Übung 6
S. 110

Präsens		Perfekt	
1. vides	(du siehst)	vidisti	du hast gesehen, du sahst
2. applaudunt	(sie applaudieren)	applauserunt	sie haben applaudiert, sie applaudierten
3. vinco	(ich siege)	vici	ich habe gesiegt, ich siegte
4. dico	(ich sage)	dixi	ich habe gesagt, ich sagte
5. venitis	(ihr kommt)	venistis	ihr seid gekommen, ihr kamt
6. videmus	(wir sehen)	vidimus	wir haben gesehen, wir sahen
7. venis	(du kommst)	venisti	du bist gekommen, du kamst
8. dicit	(er sagt)	dixit	er hat gesagt, er sagte

Übung 7
S. 113

Perfektbildung (hier ohne Übersetzung)

Vorderseite	Rückseite	Perfektbildung
peto	petivi, petitum, petere	v-Perfekt
habeo	habui, habitum, habere	u-Perfekt
dico	dixi, dictum, dicere	s-Perfekt
adsum	adfui, –, adesse	(unregelmäßig: fu-)
eligo	elegi, electum, eligere	Dehnungsperfekt
mitto	misi, missum, mittere	s-Perfekt
duco	duxi, ductum, ducere	s-Perfekt
venio	veni, ventum, venire	Dehnungsperfekt
video	vidi, visum, videre	Dehnungsperfekt
vinco	vici, victum, vincere	Dehnungsperfekt m. Wegfall d. -n-

C

Übung 8
S. 114

Der Rätselbaum

1.						E	S					
2.					D	I	X	I				
3.				H	A	B	U	I	T			
4.			V	I	C	E	R	U	N	T		
5.		D	U	C	T	I		S	U	N	T	
6.	E	L	E	C	T	I		S	U	M	U	S
7.		M	I	S	S	U	S		E	S	T	
8.			M	I	S	E	R	U	N	T		
9.				V	I	N	C	I	T			
10.					F	U	I	T				
11.					S	U	M					
12.					D	U	C					
13.					E	S	T					
14.					E	R	O					
15.				E	R	R	A	S				
16.	H	A	B	I	T	A	B	I	T	I	S	

Übung 9
S. 116

Adverbien

linear (Imperfekt)	
1. iam diu	schon lange
2. semper	immer
3. saepe	oft

punktuell (Perfekt)	
1. subito	plötzlich
2. tum	da, damals, dann
3. statim	sofort
4. nunc	nun, jetzt

Übung 10
S. 116

da, dann	tum dixerunt et monuerunt (neu eintretende/abgeschlossene Handlung)
schon lange	iam diu dicebant et monebant (andauernde Handlung)
nun	nunc dixerunt et monuerunt (neu eintretende Handlung)
immer	semper dicebant et monebant (andauernde/wiederholte Handlung)
sofort	statim dixerunt et monuerunt (neu eintretende Handlung)
oft	saepe dicebant et monebant (wiederholte Handlung)

plötzlich subito dixerunt et monuerunt (neu eintretende/einmalige, abgeschlossene Handlung)

Fortsetzung **Übung 10** **S. 116**

Übung 11 **S. 117**

Die **Jahreszahlen** beweisen, dass es sich um **Perfekt** (= ein einmaliges Ereignis) handelt.

1. habitabant. Die Latiner siedelten (wohnten) auf den am Tiber gelegenen Bergen.
2. gerebant, dicebant. Konsuln regierten den römischen Staat, aber im Krieg ernannten sie einen Diktator.
3. ducti sunt. Von Hannibal wurden Elefanten über die Alpen geführt.
4. transportabatur. Aus Ägypten wurde Getreide nach Rom gebracht.
5. veniebant. Römische Schiffe kamen über den Ozean bis nach Britannien.
6. temptavit. Spartakus versuchte die Sklaven zu befreien.
7. creatus est. Cicero wurde als homo novus zum Konsul gewählt.
8. erant. Die Bücher des Livius waren im ganzen Reich bekannt. (Imperf.: Die Bücher waren sogar nach seinem Tod noch bekannt!)
9. vicit + delevit. Pompejus besiegte die Piraten und zerstörte ihre Schiffe.
10. educabantur + discebant. Die Kinder der Reichen wurden von griechischen Sklaven erzogen und lernten Griechisch (die griechische Sprache).
11. dixit: veni, vidi, vici. Cäsar sagte: „Ich kam, sah, siegte."
12. necaverunt. Brutus und Cassius ermordeten Cäsar.

Übung 1 **S. 119**

Rätselkamm

1.	2.	3.	4.	5.	6.	7.	8.	9.
C	R	E	A	V	E	R	A	T
E	E	D	M	O	D	E	M	E
N	X	U	A	C	U	T	A	R
A	I	C	V	A	X	I	B	R
V	T	A	I	V	I	N	O	U
E		V		E		U		E
R		E		R		E		R
A		R		A		R		A
N		A		N		A		N
T		T		T		T		T

Übung 2 **S. 119**

1. **Gestrichen als Präsens oder Futur:**
eligunt, adest, mittuntur, (venimus kann Präs. sein), veniemus (Fut.), peto, dicetur.

2. a) **Wiederholungsdelikt/Zustände: Imperfekt** | b) **erstmalige/einmalige Handlung: Perfekt**

a) Imperfekt	b) Perfekt
eligebant	elegerunt
aderat	adfuit
mittebantur	missi sunt
veniebamus	venimus (Dehnungsperf.!)
petebam	petivi
dicebatur.	dictum est.

3. **Vorher abgeschlossene Handlungen/Voraussetzungen: Plusquamperfekt**
elegerant: sie hatten ausgewählt
adfuerat: er war dagewesen
missi erant: sie waren geschickt worden
venerant: sie waren gekommen
petiveram: ich hatte erstrebt
dictum erat: es war gesagt worden.

C

C

Übung 3
S. 120

dicere, dixeram: ich hatte gesagt.
monere, monueras: du hattest gemahnt.
eligere, elegerat: er hatte ausgewählt.
esse, fueramus: wir waren gewesen.
clamare, clamaveratis: ihr hattet gerufen.
terrere, terruerant: sie hatten erschreckt.
addere, addideram: ich hatte hinzugefügt.
capere, ceperas: du hattest gefangen/gefasst.
cenare, cenaverat: er hatte gespeist.
vides, videramus: wir hatten gesehen.
venis, veneratis: ihr wart gekommen.
vincis, vicerant (von vincere): sie hatten gesiegt oder vinxerant (von vincire): sie hatten gefesselt.

Übung 4
S. 121

Die Lösung kannst du dir anhand von Tabelle 19 selbst erschließen.

Übung 5
S. 122

errare

a) kürzeste Form:	erravi (6 Buchstaben)
b) längste Formen:	erraveramus (11 Buchstaben)
	erraveratis (11 Buchstaben)

Übung 6
S. 122

esse

a) kürzeste Form:	es (2 Buchstaben)
b) längste Form:	fueramus (8 Buchstaben)
	fueratis (8 Buchstaben)